LISA NIESCHLAG ★ LARS WENTRUP

NEW YORK
Christmas
BRUNCH

FOOD-FOTOGRAFIE
LISA NIESCHLAG

NYC-FOTOGRAFIE
JULIA CAWLEY

REZEPTENTWICKLUNG
CHRISTIN GEWEKE

MENU
Brunch

MEET ME UNDER THE MISTLETOE
Köstliche Frühstücksklassiker

Mimosa	15
Herzhafte French Toasts mit Tomaten-Sternanis-Sugo	16
Granola Cups mit Pistazien	19
Eggs Benedict	22
Winterlicher Cheesecake-Joghurt	25
Zweierlei Pancakes	26
Irish Coffee	31
Vanilla Cardamom Challah	32
Cocochoc Bread and Butter Pudding	37
Spekulatius-Orangen-Tiramisu	38
Crab Cocktail	41
Blueberry Lemon Scones	44
Pumpkin Pie Smoothie	47

A DECEMBER TO REMEMBER
Gebäck und Aufstriche

Puff Pastry Cinnamon Rolls	50
DIY-Schokocreme	52
Orangen-Ingwer-Marmelade	53
Little Carrot Bundt Cakes	54
Hot Cherry Hand Pies	59
Maple Macadamia Tartelettes	60
Amaretto Plum Crumble	65
Espresso-Brownies	66
Bratapfel-Kuchen	69
Peanutbutter Chocolate Bars	72
Rote-Bete-Pekannuss-Brot	75
Paprika-Pinienkern-Creme	76
Oliven-Thymian-Tapenade	77

SANTA WAS HERE
Warm und herzhaft

Hash-Brown-Waffeln mit Kaviar und Frischkäse 81
Roastbeef Bites 82
Wild Hotdogs mit Cranberry-Relish 87
Rosemary Potato Soup 88
Veggie Slider 91
Sweet Potato Ricotta Salad 94
Parmesan-Shortbreadkekse mit Kräutern 97
Bagel mit Forelle und Honig-Senf-Soße 100
Huevos Rancheros 103
Pizzette mit knusprigem Bacon und Feigen 104
Winterrollen mit Erdnussdip 109
Rotkohl-Ziegenkäse-Quiche 110
Scharfe Quesadillas mit Chorizo und Avocado 115
Pulled Lachs 116

Register 124

GESCHICHTEN
zum Nachtisch

Weihnachten mit Vater *Truman Capote* 8
Upper West Side, New York 1901 *Morten Brask* 118

Enjoy

GEMEINSAME ZEIT GENIESSEN

Die Amerikaner feiern traditionell die Bescherung am Morgen des 25. Dezember. Das ist auch im Big Apple nicht anders. Während alle in Vorfreude auf die bevorstehende Weihnachtsüberraschung noch friedlich in ihren Betten schlummern, hat Santa Claus auf seiner Nachtschicht alle Hände voll zu tun. Schließlich müssen die Geschenke pünktlich zum Start in den Tag ausgeliefert werden, nicht selten nimmt er daher die Abkürzung durch den Kamin. Und unten angekommen warten auch schon Milch und Kekse als Dank auf ihn. Wenn die Kleinen –und übrigens auch die Großen – erwartungsvoll direkt nach dem Aufstehen zum geschmückten Weihnachtsbaum eilen, gleicht die Bescherung dabei oft eher einer Pyjama-Party.

Natürlich kommt am ersten Weihnachtstag zum Fest der Liebe in der Regel die ganze Familie zusammen. Es wird nach Herzenslust geplaudert, gegessen und getrunken. Das weihnachtliche Spektakel beginnt üblicherweise morgens und zieht sich bis in den frühen Abend. Wer sich bei all den Leckereien zwischendurch etwas Bewegung verschaffen möchte, den lädt die festlich herausgeputzte Stadt zu Spaziergängen im verschneiten Central Park oder zu einer Rutschpartie auf einer der Eisbahnen ein.

„New York Christmas Brunch" ist das dritte Buch aus unserer erfolgreichen Reihe „New York Christmas". Wir haben uns gedacht, warum mit so schönen Traditionen bis zum 25. Dezember warten. Ein willkommener Anlass, mit Freunden und Familie bereits die Adventszeit gesellig zu begehen und die schönste Zeit im Jahr ausgiebig zu genießen! Wenn Straßen und Häuser stimmungsvoll mit Lichtern dekoriert sind, strömt am Sonntagmorgen aus den Küchen ein herrlicher Duft. Der Tag sowie Freunde und Familie können kommen. Brunch ist angerichtet.

Woher stammt das Wort eigentlich? Brunch kommt aus dem Englischen und setzt sich aus „breakfast" (Frühstück) und „lunch" (Mittagessen) zusammen. Bei uns geht das besondere Frühstück oftmals nahtlos ins Mittagessen über, also die perfekte Gelegenheit, um Freunde und Familie für sorglose Stunden an der Tafel zu vereinen. Egal ob süße oder herzhafte Bescherung: French Toasts oder Schoko-Pancakes, gefolgt von Bagels mit Forelle und Honig-Senf-Soße und viele andere Köstlichkeiten stärken den Zusammenhalt und sorgen für eine gastliche und heitere Weihnachtzeit!

Genuss kennt keine Grenzen. Er öffnet Türen!

Wir wünschen von Herzen allen eine schöne

Lisa Nieschlag und Lars Wentrup

LISA NIESCHLAG

LARS WENTRUP

JULIA CAWLEY

Weihnachten mit Vater

Truman Capote

Mehrere Dinge geschahen, die mich die ganze Nacht wach hielten. Erstens die Schritte, das Geräusch meines Vaters, der schwer atmend treppauf und treppab lief. Ich musste unbedingt feststellen, was er da trieb. Also versteckte ich mich auf dem Balkon zwischen den Bougainvilleen. Von dort hatte ich freie Sicht auf den Salon und den Weihnachtsbaum und den Kamin, in dem noch immer ein Feuerchen brannte. Außerdem konnte ich meinen Vater sehen. Er kroch unter dem Weihnachtsbaum herum und stapelte Päckchen. Sie waren in violettes Papier eingewickelt, in rotes und goldenes und weißes und blaues, und sie raschelten, wenn er sie hin und her schob. Mir war schwindelig, denn was ich sah, zwang mich, alles zu überdenken. Wenn diese Geschenke für mich bestimmt waren, dann waren sie ganz offensichtlich nicht vom Herrn bestellt und vom Weihnachtsmann geliefert worden, o nein, sondern Geschenke, die gekauft und eingepackt worden waren von meinem Vater. Was bedeutete, dass mein gemeiner Vetter Billy Bob und andere gemeine Kinder wie er nicht gelogen hatten, als sie mich hänselten und sagten, dass es den Weihnachtsmann gar nicht gibt. Aber der schlimmste Gedanke war: Hatte Sook die Wahrheit gekannt und mich angelogen? Nein, Sook würde mich niemals anlügen. Sie glaubte daran. Es war nur so, dass – na ja, sie war zwar schon über sechzig, aber in mancher Hinsicht war sie mindestens so ein Kind wie ich.

Ich sah zu, bis mein Vater mit allem fertig war und die Kerzen, die noch brannten, ausgeblasen hatte.

Ich wartete, bis ich sicher war, dass er im Bett lag und fest schlief. Dann schlich ich hinunter in den Salon, wo es noch immer nach Gardenien und Havannazigarren stank.

Ich setzte mich hin und dachte: Jetzt werde ausgerechnet ich Sook die Wahrheit sagen müssen. Verärgerung, eine seltsame Böswilligkeit, machte sich in mir breit: Sie war nicht gegen meinen Vater gerichtet, obwohl am Ende er darunter zu leiden hatte.

Als der Morgen dämmerte, untersuchte ich die Anhänger, die an den Päckchen befestigt waren. Auf allen stand: »Für Buddy« Auf allen, außer einem, auf dem »Für Evangelina« stand. Evangelina war eine ältere Farbige, die den ganzen Tag Coca-Cola trank und fast drei Zentner wog; sie war die Haushälterin meines Vaters – und bemutterte ihn auch. Ich beschloss, die Päckchen aufzumachen: Schließlich war Weihnachtsmorgen, ich war wach, warum also nicht? Ich will mich nicht damit aufhalten, zu schildern, was darin war: nur Hemden und Pullover und ähnlich langweiliges Zeug. Das Einzige, was mir imponierte, war eine wirklich tolle Kinderpistole. Ich verfiel auf die Idee, dass es lustig wäre, meinen Vater zu wecken, indem ich sie abfeuerte. Und das tat ich. Peng. Peng. Peng.

Er kam mit wildem Blick aus seinem Zimmer gerast. Peng. Peng. Peng.
»Buddy! Was zum Teufel treibst du da?«
Peng. Peng. Peng.

»Hör auf damit!«

Ich lachte. »Schau mal, Daddy. Schau mal, was mir der Weihnachtsmann für schöne Sachen gebracht hat.«

Wieder ruhig geworden, kam er in den Salon und umarmte mich. »Gefällt dir, was der Weihnachtsmann dir gebracht hat?«

Ich lächelte ihn an. Er lächelte mich an. Der kurze zärtliche Moment zerstob, als ich sagte: »Ja. Aber was schenkst du mir, Daddy?« Sein Lächeln verschwand. Seine Augen zogen sich argwöhnisch zusammen – man merkte genau, dass er dachte, ich wolle ihn auf den Arm nehmen. Doch dann wurde er rot, als schäme er sich dessen, was er dachte. Er tätschelte meinen Kopf und hüstelte und sagte: »Tja, ich dachte, ich warte damit und lass dich dein Geschenk selbst aussuchen. Was hättest du denn gern?« Ich rief ihm das Flugzeug ins Gedächtnis, das wir in dem Spielwarengeschäft in der Canal Street gesehen hatten. Sein Gesicht wurde lang. O ja, er erinnerte sich an das Flugzeug und wie teuer es war. Nichtsdestoweniger saß ich am nächsten Tag in eben diesem Flugzeug und träumte, ich flöge hinauf in den Himmel, während mein Vater einen Scheck für den überglücklichen Verkäufer ausstellte. Es hatte eine Debatte darüber gegeben, das Flugzeug nach Alabama schicken zu lassen, aber ich blieb eisern – ich bestand darauf, dass es mit mir im Bus reiste, den ich nachmittags um zwei Uhr nehmen sollte. Der Verkäufer regelte die Sache, indem er bei der Busgesellschaft anrief, wo man ihm sagte, dass das ohne Weiteres möglich sei. ★

MEET ME UNDER THE MISTLETOE

KÖSTLICHE
FRÜHSTÜCKSKLASSIKER

MIMOSA

Ein besonders beliebter Drink, der in New York bei keinem Brunch fehlen darf. Erfunden wurde der Cocktailklassiker wahrscheinlich 1925 von Barkeeper Frank Meyer im Hotel Ritz in Paris. Seinen Namen verdankt er der gelben Farbe, die an eine Mimosenblüte erinnert. Für noch mehr Farbe im Glas, kann man das Getränk auch mit Blutorangen zubereiten.

Die Orangenhälfte heiß abwaschen und trocken tupfen. Nach Belieben zwei dünne Scheiben abschneiden. Mit der übrigen Orangenhälfte die Ränder von zwei Champagnergläsern befeuchten. Den Zucker auf einen kleinen Teller geben und die Gläserränder hineindrücken, sodass ein feiner Zuckerrand entsteht.

Sternanis und Orangensaft auf die Gläser verteilen. Dann jeweils mit Champagner auffüllen. Nach Belieben mit Orangenscheiben garnieren. Sofort servieren.

ZUTATEN

Für 2 Champagnergläser

2 Sternanis
150 ml Orangensaft, am besten frisch gepresst
150 ml eisgekühlter Champagner

Außerdem:
½ kleine Bio-Orange
2 EL Zucker

HERZHAFTE FRENCH TOASTS MIT TOMATEN-STERNANIS-SUGO

Schon im Römischen Reich kannte man die ursprünglich nur in Ei und Milch getunkten Weißbrotscheiben. In Deutschland als Arme Ritter bekannt, sind süße wie herzhafte French Toasts von keiner Frühstückstafel mehr wegzudenken.

ZUTATEN

Für 4 Portionen

Für den Tomatensugo:
1 Zwiebel
1 Knoblauchzehe
1 Stange Staudensellerie
1 EL Olivenöl
1 EL Tomatenmark
2 TL brauner Zucker
1 EL Balsamicoessig
2 Dosen stückige Tomaten
(à 400 g)
1 Lorbeerblatt
½ Zimtstange
1 Sternanis
Salz und Pfeffer
Chiliflocken

Für die French Toasts:
250 g Büffelmozzarella
½ Bund Basilikum
8 große Scheiben Weizentoast
80 g Oliven-Thymian-
Tapenade (s. S. 77)
3 Eier
100 ml Milch (3,5 % Fett)
50 ml Sahne
1 TL Oregano
Olivenöl zum Braten

Für den Tomatensugo Zwiebel und Knoblauch schälen und fein würfeln. Den Sellerie waschen, putzen und ebenfalls fein würfeln. Das Öl in einem Topf erhitzen und Zwiebel, Knoblauch und Sellerie darin ein paar Minuten anschwitzen. Das Tomatenmark unterrühren und kurz anrösten. Dann alles mit braunem Zucker bestreuen und karamellisieren lassen. Mit Balsamico ablöschen und kurz reduzieren lassen. Tomaten, Lorbeer, Zimt und Sternanis zugeben und alles offen ca. 45 Minuten einköcheln lassen. Die Gewürze entfernen und den Sugo kräftig mit Salz, Pfeffer und Chiliflocken abschmecken.

Für die French Toasts den Mozzarella gut abtropfen lassen und in Scheiben schneiden. Das Basilikum abbrausen, trocken tupfen und die Blättchen abzupfen. Den Toast auf der Arbeitsfläche auslegen und die Hälfte der Scheiben dünn mit Oliven-Thymian-Tapenade bestreichen. Mit Mozzarella und Basilikum belegen. Die übrigen vier Scheiben mit etwas Tomatensugo bestreichen. Mit der bestrichenen Seite nach unten auf die restlichen belegten Toasts legen und leicht andrücken.

Die Eier in einer flachen Schüssel gut mit Milch, Sahne und Oregano verquirlen und kräftig mit Salz und Pfeffer würzen. Die French Toasts darin wenden. Eine Grill- oder normale Pfanne mit etwas Olivenöl erhitzen und die Toasts darin portionsweise 3–5 Minuten pro Seite goldbraun braten. Mit dem restlichen Tomatensugo servieren.

GRANOLA CUPS MIT PISTAZIEN

Für die Cups die Bananen schälen, in Stücke schneiden und mit dem Ahornsirup fein pürieren. In einer Schüssel mit Zimt, Kardamom, Kakao und Salz mischen. Haferflocken, Mandeln, Pistazien und Amaranth vermengen und nach und nach unter die Bananenmasse rühren. Ist die Masse zum Formen noch nicht fest genug, etwas mehr Haferflocken zufügen.

Den Backofen auf 180 °C Ober-/Unterhitze (160 °C Umluft) vorheizen. Die Mulden eines Muffinblechs gründlich buttern und mit Mehl ausstäuben, überschüssiges Mehl herausklopfen. Jeweils 2 gehäufte Esslöffel der Haferflockenmischung in eine Mulde geben und zu einer gleichmäßigen Schale formen. Dabei darauf achten, dass keine Löcher entstehen. Die Schale sollte 5–7 mm dick sein. Die Cups 12–15 Minuten backen. Anschließend abkühlen lassen und vorsichtig aus den Mulden lösen.

Für die Füllung die Birnen schälen, vom Kerngehäuse befreien und in kleine Würfel schneiden. Die Butter mit dem Zucker in einer Pfanne zerlassen und die Birnenwürfel darin ein paar Minuten dünsten und karamellisieren lassen. Währenddessen Joghurt, Crème fraîche, Vanillezucker und Ahornsirup verrühren.

Die Füllung in den Cups verteilen. Mit ein paar Birnenwürfeln und gehackten Pistazien garnieren und mit Ahornsirup beträufelt servieren.

ZUTATEN

Für 12 Cups

Für die Cups:
3 kleine Bananen (ca. 450 g Gesamtgewicht, mit Schale gewogen)
130 ml Ahornsirup (alternativ Honig)
½ TL Zimt
1 Prise gemahlener Kardamom
1 EL Kakaopulver
1 Prise Salz
260 g zarte Haferflocken, ggf. etwas mehr
100 g gehackte Mandeln
20 g gehackte Pistazienkerne
20 g Amaranth-Pops

Für die Füllung:
2 kleine Birnen
2 TL Butter
2 TL brauner Zucker
500 g Naturjoghurt
200 g Crème fraîche
1 Pck. Bourbon-Vanillezucker
2 EL Ahornsirup

Außerdem:
Butter und Mehl für das Muffinblech
gehackte Pistazienkerne zum Bestreuen
Ahornsirup zum Beträufeln

EGGS BENEDICT

Die ersten Eggs Benedict sollen bereits 1894 in New York zubereitet worden sein. Es ist allerdings nicht eindeutig belegt, wer sie zuerst gekostet hat. Die einen sagen, sie wurden dem Finanzier LeGrand Benedict im Delmonico Restaurant serviert. Andere berichten, Börsenmakler Lemuel Benedict habe die Kombination im Waldorf Astoria als Katerfrühstück bestellt.

ZUTATEN

Für 4 Portionen

Für die Sauce Hollandaise:
1 Schalotte
6 Pfefferkörner
2 EL Weißweinessig
120 g Butter
2 Eigelb
1 TL Zitronensaft
Salz
frisch gemahlener
schwarzer Pfeffer

Für die Eggs Benedict:
Olivenöl zum Fetten
8 Eier
4 Vollkorn-Toasties
4 Scheiben geräucherter
Schinken

Außerdem:
Schnittlauchröllchen
zum Garnieren

Für die Sauce Hollandaise die Schalotte schälen und würfeln. Die Pfefferkörner in einem Mörser leicht andrücken. Schalotte, Pfefferkörner, Essig und 100 ml Wasser in einem kleinen Topf aufkochen und ca. 7 Minuten um die Hälfte reduzieren lassen. Die Mischung durch ein Sieb in eine Metallschüssel gießen und den Sud abkühlen lassen. Die Butter in einem kleinen Topf zerlassen.

Die Eigelbe zum Sud in die Metallschüssel geben, dann mit einem Schneebesen über einem nicht allzu heißen Wasserbad (das Wasser sollte nur sieden und den Schüsselboden nicht berühren) dickcremig aufschlagen. Die Butter nach und nach in einem sehr feinen Strahl zugießen und dabei stetig weiterschlagen, bis die Soße eindickt. Achtung, die Mischung darf nicht zu heiß werden, da sie sonst stockt. Die Hollandaise mit Zitronensaft, Salz und Pfeffer abschmecken.

Für die Eggs Benedict einen Topf mit Wasser zum Simmern bringen. Ein großes Stück Frischhaltefolie auf der Arbeitsfläche ausbreiten und großzügig mit Olivenöl einstreichen. Eine kleine Schüssel darunterschieben und die Folie hineinlegen. Je 2 Eier aufschlagen und hineingleiten lassen. Die Folie über der Schüssel zusammennehmen und mit einem Knoten verschließen. Mit den restlichen Eiern ebenso verfahren. Die „Eier-Säckchen" in das simmernde Wasser gleiten lassen und ca. 8 ½ Minuten pochieren. Dann aus dem Wasser nehmen und kurz ruhen lassen. Die Folie hinter dem Knoten aufschneiden und die Eier herausgleiten lassen.

Währenddessen die Toasties halbieren, toasten und vier Hälften mit je einer Scheibe Schinken belegen. Die Eier auf den Toasties platzieren. Mit Hollandaise beträufeln, nach Belieben mit etwas frisch gemahlenem Pfeffer bestreuen und mit Schnittlauchröllchen garniert servieren. Die übrigen Toastie-Hälften daraufsetzen.

WINTERLICHER CHEESECAKE-JOGHURT

Schön weihnachtlich schmeckt dieser fruchtige Joghurt auch mit Äpfeln. Dazu die Äpfel schälen, vom Kerngehäuse befreien und würfeln. Die Apfelstücke mit etwas Zitronensaft und Wasser in einen Topf geben. Bei geschlossenem Deckel köcheln lassen, bis die Äpfel weich sind. Nach Bedarf süßen, abkühlen lassen und statt der Waldbeeren in die Servierschale füllen.

Die Butterkekse in einen Zipbeutel geben und mit dem Nudelholz zerstoßen. Die Butter in einem kleinen Topf zerlassen. Die Kekse zugeben und untermischen. Abkühlen lassen.

Die Waldbeeren pürieren und durch ein feines Sieb in einen kleinen Topf passieren. Die Beeren erhitzen. Die Stärke mit dem Orangensaft glatt rühren und unter die köchelnde Beerenmasse rühren. Alles ca. 2 Minuten weiterköcheln lassen, bis das Püree leicht eindickt. Mit Honig süßen und abkühlen lassen.

Die Vanilleschote längs aufschlitzen und das Mark auskratzen. Die Sahne steif schlagen. Joghurt, Frischkäse, Puderzucker, Zitronenabrieb und -saft, Zimt, Nelken und Vanillemark verrühren. Die Sahne unterheben.

Die Butterkeksmischung in eine Servierschale füllen. Die Joghurtmasse daraufgeben. Mit dem Waldbeerpüree abschließen. Bis zum Servieren kalt stellen. Nach Belieben mit gehobelter weißer Schokolade garnieren.

ZUTATEN

Für 4–6 Portionen bzw. 4–6 Dessertgläser (je nach Größe)

80 g Vollkornbutterkekse
30 g Butter
150 g gemischte TK-Waldbeeren, aufgetaut
1 TL Speisestärke
2 EL Orangensaft
ca. 2 EL Honig
1 Vanilleschote
150 ml Sahne
350 g griechischer Joghurt (10 % Fett)
150 g Joghurt-Frischkäse
75 g Puderzucker
2 TL Abrieb und 1,5 EL Saft von 1 Bio-Zitrone
¼ TL Zimt
1 Prise gemahlene Nelken

Außerdem:
gehobelte weiße Schokolade zum Garnieren nach Belieben

ZWEIERLEI PANCAKES

Pancakes sind ein beliebter Frühstücksklassiker und lassen sich auf vielfältige Weise zubereiten. Naschkatzen probieren dazu die Schokocreme von Seite 52 und wer es lieber pikant mag, kann seine herzhaften Pancakes mit der Paprika-Pinienkern-Creme von Seite 76 verfeinern.

ZUTATEN

Für je ca. 20 Pancakes bzw. 4–6 Personen, je nach Hunger

Für die herzhaften Mais-Cabanossi-Pancakes:
1 kleine Dose Mais (150 g)
80 g dünne Cabanossi
2 Frühlingszwiebeln
270 g Mehl
3 TL Backpulver
150 g Kräuterfrischkäse
180 ml Milch
4 Eier
Salz
frisch gemahlener schwarzer Pfeffer
1 Prise Chiliflocken
Olivenöl zum Ausbacken

Für die süßen Schoko-Pancakes:
240 g Mehl
70 g feiner Zucker
3 TL Backpulver
4 Eier
1 Prise Salz
350 ml Buttermilch
125 ml Milch
50 g Butter, zerlassen + Butter zum Ausbacken
75 g Vollmilchschokolade, gehackt
Ahornsirup zum Beträufeln

Für die herzhaften Pancakes den Mais gut abtropfen lassen und die Cabanossi in dünne Scheiben schneiden. Die Frühlingszwiebeln waschen, putzen und in feine Ringe schneiden.

Mehl und Backpulver mischen. In einer anderen Schüssel Frischkäse, Milch und Eier verrühren. Die Mehlmischung darübersieben und unterrühren. Mais, Cabanossi und Frühlingszwiebeln untermengen und den Teig mit Salz, Pfeffer und Chiliflocken würzen. Den Teig ca. 20 Minuten ruhen lassen.

Den Backofen auf 80 °C Ober-/Unterhitze (60 °C Umluft) vorheizen. Eine große Pfanne erhitzen, etwas Olivenöl hineingeben und je drei Pancakes (pro Pancake eine kleine Kelle Teig) auf einmal von beiden Seiten unter einmaligem Wenden goldbraun braten. Das dauert bei mittlerer Hitze ca. 2 Minuten pro Seite. Die bereits fertigen Pancakes im Ofen warm halten und so fortfahren, bis der ganze Teig aufgebraucht ist. Nach Belieben mit Cabanossi und Frühlingszwiebeln sowie etwas Frischkäse garnieren.

Für die süßen Pancakes Mehl, Zucker und Backpulver in einer Schüssel mischen. Die Eier trennen und die Eiweiße mit dem Salz steif schlagen. Eigelbe, Buttermilch, Milch und Butter zur Mehlmischung geben und alles zu einem glatten Teig verrühren. Die Schokostücke zugeben, dann den Eischnee behutsam unterheben. Den Teig ca. 20 Minuten quellen lassen.

Den Backofen auf 80 °C vorheizen. Etwas Butter bei mittlerer Temperatur in einer Pfanne erhitzen. Je drei Pancakes (pro Pancake eine kleine Kelle Teig) auf einmal hineingeben, die Pancakes nach ca. 2 Minuten wenden und in 1 weiteren Minute auch von der anderen Seite goldbraun backen. Anschließend die Pfanne mit einem trockenen Küchenpapier sauberwischen. Mit dem restlichen Teig ebenso verfahren. Die fertig gebackenen Pancakes im Ofen warm halten. Mit Ahornsirup beträufelt servieren.

IRISH COFFEE

Erfunden wurde er im Winter 1942 von einem jungen Koch namens Joe Sheridan. Er schenkte den wärmenden Kaffee an einem besonders kalten Wintertag am irischen Flughafen Foynes an Passagiere aus, die sich auf der Durchreise befanden. Viele Jahre später war das Buena Vista Cafe in San Francisco das erste Lokal, das den Irish Coffee in den USA zubereitete.

Den Whiskey in einem kleinen Topf erwärmen, dann mit dem heißen Kaffee auf zwei Tumbler verteilen. In jedes Glas 1 TL braunen Zucker geben und gut unterrühren.

Die Sahne leicht aufschlagen und vorsichtig auf den Irish Coffee geben. Nach Belieben mit etwas Zimt bestäuben. Sofort servieren.

ZUTATEN

Für 2 Tumbler

8 cl irischer Whiskey
20 cl frisch gebrühter heißer Kaffee
2 TL brauner Zucker
50 ml Sahne

Außerdem:
Zimt zum Bestäuben nach Belieben

VANILLA CARDAMOM CHALLAH

Challah ist ein geflochtenes Weißbrot, das im Judentum am Sabbat und an Feiertagen gegessen wird. Zum Neujahrsfest *Rosch Haschana* wird es meist rund geformt und mit süßen Zutaten wie Rosinen oder Honig verfeinert.

ZUTATEN

Für 1 Challah (Hefezopf von ca. 30 cm Länge)

1 Vanilleschote
450 g Weizenmehl
50 g Zucker
7 g Salz
15 g Frischhefe
2 Eigelb
1 Ei
35 g neutrales Öl
½ TL gemahlener Kardamom

Außerdem:
1 Ei
1 EL Milch
½ TL Zucker
1 Prise Salz

Die Vanilleschote längs aufschlitzen und das Mark auskratzen. In einer Schüssel Mehl, Zucker und Salz mischen. Die Frischhefe in 150 ml lauwarmem Wasser auflösen und mit Eigelben, Ei, Öl, Kardamom und Vanillemark zur Mehlmischung geben. Alles mindestens 10 Minuten miteinander verkneten, bis ein elastischer Teig entstanden ist. Den Teig mit Frischhaltefolie abdecken und 2 Stunden bei Zimmertemperatur gehen lassen.

Den Teig in sechs gleich schwere Portionen teilen (jeweils 120–125 g). Diese erst zu Kugeln und dann zu Strängen formen. Die Stränge auf einem mit Backpapier ausgelegten Blech an einem Ende zusammendrücken und zu einem Zopf flechten. Tipp: Im Internet findet man zahlreiche Tutorials, die einem das Flechten erleichtern. Einfacher ist das Flechten der Challah mit nur drei Strängen.

Ei mit Milch, Zucker und Salz verrühren und den Zopf damit bestreichen. Dann erneut abgedeckt 1 ½ Stunden gehen lassen. Während der letzten 10 Minuten den Backofen auf 190 °C Ober-/Unterhitze (170 °C Umluft) vorheizen.

Den Zopf mit der restlichen Eimischung bestreichen und ca. 35 Minuten backen, ggf. im letzten Backdrittel mit Alufolie abdecken und auf die unterste Schiene setzen, damit er nicht zu dunkel wird. Anschließend abkühlen lassen und in Scheiben schneiden.

COCOCHOC BREAD AND BUTTER PUDDING

Brotpudding ist eine Zubereitung, die in vielen Ländern beliebt ist. In Ägypten ist die Süßspeise beispielsweise unter dem Namen Om Ali bekannt. Das erste Bread-and-Butter-Rezept soll übrigens in Eliza Smith's Kochbuch „The Compleat Housewife" von 1728 gefunden worden sein.

Die Weißbrotscheiben entrinden und zweimal diagonal halbieren. Die Zartbitterschokolade hacken und mit Kokosmilch, Sahne, braunem Zucker, Vanillezucker und Butter in einen Topf geben. Alles unter Rühren bei niedriger Temperatur erhitzen, bis die Schokolade geschmolzen ist. Die Mischung nicht zu heiß werden lassen, sie sollte keinesfalls köcheln. Den Topf vom Herd nehmen und die Masse abkühlen lassen.

Die Eier in einer Schüssel mit Salz und Likör verrühren. Die abgekühlte Schokoladenmischung langsam zugießen und unterrühren. Ein Drittel der Schoko-Ei-Mischung in eine Auflaufform gießen, die Hälfte des Weißbrots darauf verteilen und leicht in die Flüssigkeit drücken. Erneut ein Drittel Flüssigkeit darübergießen und die restlichen Weißbrotscheiben daraufschichten. Mit der restlichen Schokoladenmischung abschließen. Die Form mit Frischhaltefolie abdecken und den Pudding mindestens 30 Minuten bei Zimmertemperatur durchziehen lassen.

Den Backofen auf 180 °C Ober-/Unterhitze (160 °C Umluft) vorheizen. Die Form ohne Folie in den Ofen geben und den Pudding ca. 30 Minuten backen. Währenddessen die 25 g Zartbitterschokolade mit dem Kokosöl über einem heißen Wasserbad schmelzen und lauwarm abkühlen lassen. Den Pudding mit der flüssigen Schokolade und den Kokosraspeln verzieren. Noch warm – am besten mit einer Kugel Kokos- oder Vanilleeis – servieren.

ZUTATEN

Für 6 Personen bzw. 1 Auflaufform à 20 x 24 cm, ca. 1,2 l Inhalt

8 große Scheiben Weißbrot
175 g Zartbitterschokolade
250 ml Kokosmilch
200 ml Sahne
90 g brauner Zucker
1 Pck. Bourbon-Vanillezucker
75 g Butter
3 Eier (Größe L)
1 Prise Salz
1 EL Kokoslikör

Außerdem:
25 g Zartbitterschokolade
1 TL Kokosöl
2–3 EL Kokosraspel
zum Bestreuen
Ggf. Kokos- oder Vanilleeis
zum Servieren

SPEKULATIUS-ORANGEN-TIRAMISU

Spekulatius trifft Mascarpone und schon ist Weihnachten! Wer diesen Festtagsschmaus etwas leichter zubereiten möchte, kann einfach ca. 200 g Mascarpone durch Quark ersetzen.

ZUTATEN

Für 6 Portionen bzw. 6 Dessertgläser

150 g Spekulatiuskekse
1 Bio-Orange
1 frisches Ei
85 g Zucker
1 Pck. Bourbon-Vanillezucker
¼ TL Zimt
1 Prise Salz
400 g Mascarpone
200 ml Sahne
2 EL Orangenlikör
75 ml frisch gebrühter Espresso, abgekühlt

Außerdem:
Kakaopulver zum Bestäuben

Die Kekse in einen Zipbeutel geben und mit dem Nudelholz nicht allzu fein zerstoßen. Von der Orange die Schale fein abreiben und 2 EL Saft auspressen.

Das Ei mit Zucker, Vanillezucker, Zimt und Salz in einer Metallschüssel über dem heißen Wasserbad ca. 5 Minuten hellcremig schlagen. Vom Herd nehmen und unter Rühren etwas abkühlen lassen, dann Mascarpone, Orangensaft und -abrieb unterziehen. Die Sahne steif schlagen und unterheben.

Etwas Creme auf die Gläser verteilen, dann 1–2 EL der zerbröselten Spekulatius daraufgeben. Orangenlikör und Espresso mischen und je 2 TL darüberträufeln. Die restliche Creme auf die Gläser verteilen und mit Spekulatiusbröseln garnieren. Die Gläser zugedeckt mindestens 2 Stunden oder über Nacht in den Kühlschrank stellen und das Tiramisu durchziehen lassen.

Zum Schluss mit Orangenabrieb bestreuen.

CRAB COCKTAIL

Am besten schmeckt der Cocktail natürlich mit selbst gemachter Mayonnaise. Dafür 2 sehr frische Eier mit 1 TL Senf verrühren. Ca. 250 ml neutrales Öl ganz langsam einrühren, dann aufschlagen, bis die gewünschte Konsistenz erreicht ist. Etwas Zitronensaft zugeben und mit Salz, Pfeffer und 1 Prise Zucker abschmecken.

Für den Crab Cocktail den Salat putzen, waschen, trocken schleudern und in feine Streifen schneiden. Die Tomaten waschen, vom Stielansatz befreien und halbieren oder vierteln. Den Dill abbrausen, trocken tupfen und die Spitzen fein hacken. Die Mandarinen klein schneiden. Krebsfleisch und Garnelen ebenfalls klein schneiden. Alle vorbereiteten Zutaten in einer Schüssel vermengen.

Für die Soße Mayonnaise, saure Sahne, Ketchup, Zitronensaft und -abrieb vermischen und mit Salz und Pfeffer würzen.

Die Soße vorsichtig unter den Crab Cocktail mengen. Nach Belieben auf gekühlte Cocktailschalen verteilen und mit gerösteten Baguettescheiben servieren.

ZUTATEN

Für 4–6 Portionen

Für den Crab Cocktail:
80 g Eisbergsalat oder Romanasalat
80 g Cocktailtomaten
½ Bund Dill
75 g Mandarinenfilets (frisch oder aus der Dose, abgetropft)
200 g Krebsfleisch
100 g gegarte küchenfertige Garnelen

Für die Soße:
75 g Mayonnaise
75 g saure Sahne
25 g Ketchup
2 TL Saft und 2 TL Abrieb von 1 Bio-Zitrone
Salz
frisch gemahlener schwarzer Pfeffer

Außerdem:
geröstete Baguettescheiben zum Servieren

BLUEBERRY LEMON SCONES

Das traditionelle Tee-Gebäck der Briten passt wunderbar zu einem ausgiebigen Brunch in der Vorweihnachtszeit. Auf den luftig-leichten Brötchen schmeckt auch selbst gemachte Marmelade ganz hervorragend.

ZUTATEN

Für 12–14 Scones

1 Bio-Zitrone
80 g Blaubeeren (alternativ 65 g TK-Beeren, unaufgetaut)
350 g Mehl
80 g blanchierte, gemahlene Mandeln
40 g Zucker
1 Pck. Bourbon-Vanillezucker
1 TL Backpulver
¼ TL Salz
¼ TL Zimt
100 g kalte Butter
100 ml Milch
50 ml Buttermilch
1 Ei

Außerdem:
Mehl für die Arbeitsfläche und zum Arbeiten
1 Ei
1 EL Milch
2 EL brauner Zucker
Puderzucker zum Bestäuben

Die Zitrone heiß abwaschen und trocknen tupfen, dann die Schale ohne das bittere Weiße fein abreiben und 2 EL Saft auspressen. Die Blaubeeren verlesen, vorsichtig waschen und trocken tupfen.

Den Backofen auf 240 °C Ober-/Unterhitze (220 °C Umluft) vorheizen, ein Blech mit Backpapier auslegen. Mehl, Mandeln, Zucker, Vanillezucker, Backpulver, Salz und Zimt in einer Schüssel vermengen. Die Butter in Stücke schneiden und mit der Mehlmischung krümelig reiben. Milch, Buttermilch, Ei, Zitronensaft und -abrieb verquirlen und zur Mehlmischung geben. Alles zu einem glatten Teig verkneten. Die Blaubeeren behutsam untermengen. Falls TK-Beeren verwendet werden, ist es wichtig, sie nicht vorher antauen zu lassen, da sich sonst der Teig lila färbt.

Den leicht klebrigen Teig auf der bemehlten Arbeitsfläche mit ebenfalls leicht bemehlten Händen zu einem gleichmäßigen, ca. 3 cm dicken Fladen behutsam flach drücken. Daraus Kreise (ca. 6 cm ∅) ausstechen. Das Ei mit der Milch verquirlen und die Teigkreise damit bestreichen. Mit braunem Zucker bestreuen. Die Scones auf dem Blech verteilen und 12–15 Minuten goldbraun backen. Herausnehmen, abkühlen lassen und mit Puderzucker bestäubt servieren.

PUMPKIN PIE SMOOTHIE

Dieser Smoothie ist ein absoluter Wohlfühlbooster. Die weihnachtlichen Gewürze und die cremige Konsistenz tun der Seele gut und der Hokkaidokürbis schenkt eine Extraportion Vitamine.

Die Banane schälen, in Scheiben schneiden und auf einem kleinen Tablett verteilen. Ca. 1 Stunde im Tiefkühlfach anfrieren lassen.

Inzwischen den Kürbis waschen, entkernen und in 2 cm große Würfel schneiden. Mit dem Orangensaft und etwas Wasser in einen Topf geben und zugedeckt unter gelegentlichem Rühren 15–20 Minuten sehr weich dünsten. Falls nötig, etwas mehr Wasser zugeben. Anschließend vollständig auskühlen lassen.

Die Kokosmilchdose ungeschüttelt öffnen. Ca. 4 EL der sich oben abgesetzten festen Kokoscreme abnehmen und beiseitestellen. Die restliche Kokosmilch mit den abgekühlten Kürbiswürfeln, Vanillezucker, Ahornsirup und Gewürzen in einen Standmixer geben und sehr fein pürieren. Dann die angefrorenen Bananenscheiben und das Crushed Ice zugeben und alles cremig mixen. Nach Belieben mit Ahornsirup abschmecken.

Den Smoothie auf zwei große oder vier kleine Gläser verteilen, mit der beiseitegestellten Kokoscreme und etwas Zimt garnieren und sofort servieren.

ZUTATEN

Für 2 große oder 4 kleine Smoothies

1 große reife Banane
300 g Hokkaidokürbis
4 EL Orangensaft
400 g Kokosmilch (Dose)
½ Pck. Bourbon-Vanillezucker
1–2 TL Ahornsirup
¼ TL Zimt
1 Prise frisch gemahlene Muskatnuss
1 Prise gemahlener Ingwer
1 Prise gemahlener Kardamom

Außerdem:
1 Handvoll Crushed Ice
Zimt zum Bestäuben

A DECEMBER TO REMEMBER

GEBÄCK UND AUFSTRICHE

PUFF PASTRY CINNAMON ROLLS

ZUTATEN

Für 12 Stück

Für den Teig:
250 g Mehl
35 g Zucker
¼ TL Salz
10 g frische Hefe
100 ml lauwarme Milch
100 g kalte Butter
35 g Crème fraîche

Für die Füllung:
85 g brauner Zucker
1 Pck. Bourbon-Vanillezucker
2 TL Zimt
20 g Butter, zerlassen

Für die Glasur:
60 g Puderzucker
¼ TL Zimt
1–2 EL Milch

Außerdem:
Mehl für die Arbeitsfläche

Für den Teig Mehl, Zucker und Salz in einer Schüssel mischen. In der Mitte eine Mulde formen, die Hefe hineinbröseln und die Hälfte der lauwarmen Milch zugießen. Milch, Hefe und etwas Mehl vom Rand verrühren. Die Schüssel mit Frischhaltefolie abdecken und diesen Vorteig ca. 30 Minuten gehen lassen.

Währenddessen 25 g Butter schmelzen und abkühlen lassen. Die restlichen 75 g in dünne Scheiben schneiden und wieder kalt stellen. Die übrige Milch mit der Crème fraîche verrühren und mit der zerlassenen Butter zum Vorteig geben. Alles ca. 5 Minuten glatt kneten. Den Teig erneut mit Frischhaltefolie abdecken und 1 Stunde gehen lassen.

Den Teig anschließend auf der leicht bemehlten Arbeitsfläche 7 mm dick zu einem Quadrat (ca. 23 x 23 cm) ausrollen. Eine Seite dicht an dicht mit der geschnittenen Butter belegen, dabei einen ca. 1,5 cm breiten Rand aussparen. Die nicht belegte Seite darüberschlagen und die Ränder gut festdrücken. Den Teig erneut vorsichtig zu einem etwas größeren Rechteck ausrollen, dabei aufpassen, dass keine Butter herausquillt. Dann erst die eine, dann die andere kurze Seite in die Mitte falten, sodass sich drei übereinanderliegende Teigschichten ergeben. Den gefalteten Teig ca. 1 Stunde kalt stellen. Anschließend erneut ausrollen (ca. 5 mm dick auf ca. 36 x 23 cm).

Den Backofen auf 190 °C Ober-/Unterhitze (170 °C Umluft) vorheizen und ein Muffinblech mit Papierförmchen auslegen. Für die Füllung den braunen Zucker mit Vanillezucker und Zimt mischen. Das Teigrechteck dünn mit zerlassener Butter einpinseln, dann gleichmäßig mit der Zuckermischung bestreuen, dabei rundum einen kleinen Rand aussparen. Den Teig von der unteren langen Seite her eng aufrollen. Die Enden abschneiden, die übrige Rolle in 12 gleich große ca. 3 cm dicke Scheiben schneiden, diese auf die Mulden verteilen.

Das Blech in den Ofen schieben und die Blätterteig-Zimtschnecken 17–20 Minuten goldbraun backen. Auf einem Kuchengitter abkühlen lassen. Für die Glasur Puderzucker, Zimt und Milch glatt rühren. Die ausgekühlten Schnecken damit verzieren.

DIY-SCHOKOCREME

Was wäre ein Frühstückstisch ohne den beliebten Schokoaufstrich? Die selbst gemachte Variante mit feinen Haselnüssen und edler Schokolade ist in jedem Fall eine Sünde wert!

ZUTATEN

Für ca. 350 g

75 g Haselnüsse
65 g Zartbitterschokolade
150 ml Sahne
50 g Zucker
1 Pck. Bourbon-Vanillezucker
2 EL Kakaopulver
¼ TL Zimt
1 Prise Salz
2 TL Kokosöl

Den Backofen auf 180 °C Ober-/Unterhitze (160 °C Umluft) vorheizen. Die Nüsse auf einem Backblech verteilen und ca. 10 Minuten im heißen Ofen rösten. Anschließend in ein Küchentuch wickeln und gegeneinanderreiben, sodass sich die Haut weitgehend löst. Die Nüsse in einen Standmixer geben und sehr fein mahlen.

Die Schokolade in Stücke brechen. Die Sahne in einem kleinen Topf erhitzen und Zucker und Vanillezucker darin schmelzen. Die Schokolade zugeben und bei niedriger Temperatur unter Rühren ebenfalls schmelzen. Nüsse, Kakaopulver, Zimt, Salz und Kokosöl unterrühren, bis alles gut vermischt ist. Anschließend die Schokoladencreme abkühlen lassen und in ein Schraubglas füllen. Vor der Verwendung ca. 1 Stunde kalt stellen, dabei dickt die Creme noch nach. Kühl aufbewahrt hält sie sich ca. 5 Tage.

ORANGEN-INGWER-MARMELADE

Die leichte Schärfe des Ingwers verleiht der Marmelade ein ganz besonderes Aroma und weckt die Lebensgeister. Frischen Ingwer erkennt man übrigens an seinem feinen, hellgelben Fruchtfleisch.

Den Ingwer schälen und fein reiben. Eine Orange heiß abwaschen, trocken tupfen und die Schale fein abreiben. Alle Früchte komplett von der weißen bitteren Haut befreien und filetieren, dabei den Saft auffangen. Die Filets fein würfeln.

Ingwer, Orangenabrieb, -filets, aufgefangenen Saft und die übrigen 500 ml Saft in einen Topf geben. Gelierzucker, Vanillezucker und die Gewürze zufügen und alles gut verrühren. Die Flüssigkeit aufkochen und unter stetigem Rühren ca. 6 Minuten sprudelnd kochen lassen. Gelierprobe machen! Dazu auf einen kalten Teller etwas heiße Fruchtmasse geben. Wenn sie nach kurzer Zeit fest wird, ist die Marmelade fertig, andernfalls noch etwas länger kochen lassen.

Die Gewürze entfernen. Die fertige Marmelade heiß in sterilisierte Schraubgläser füllen, sofort verschließen und ca. 5 Minuten auf dem Deckel stehen lassen.

ZUTATEN

Für ca. 4 Gläser à 125 ml

35 g Ingwer (mit Schale gewogen)
3 kleine Bio-Orangen (ca. 600 g)
500 ml Orangensaft
500 g Gelierzucker 2:1
1 Pck. Bourbon-Vanillezucker
½ Zimtstange
1 Sternanis

LITTLE CARROT BUNDT CAKES

Diese Küchlein sind ein hübscher Schmuck auf jeder Festtagstafel und passen ganz wunderbar zu einem warmen Milchkaffee.

ZUTATEN

Für 12 Stück bzw. 1 Mini-Gugelhupfblech mit 12 Mulden

Für den Teig:
3 Eier
1 Prise Salz
250 g Möhren
185 g gemahlene Haselnüsse
80 g brauner Zucker
1 Pck. Bourbon-Vanillezucker
1 ½ EL Mehl
2 gehäufte TL Backpulver
½ TL Zimt

Für das Topping:
150 g Puderzucker
2 EL Saft und 1–2 TL Abrieb
von 1 Bio-Orange
2–3 EL Haselnüsse

Außerdem:
Butter und Mehl für die Form

Den Backofen auf 180 °C Ober-/Unterhitze (160 °C Umluft) vorheizen, die Mulden des Gugelhupfblechs fetten und mit Mehl ausstäuben, überschüssiges Mehl herausklopfen.

Für den Teig die Eier trennen und die Eiweiße mit dem Salz steif schlagen. Die Möhren schälen, putzen und fein raspeln.

Eigelbe, Möhren, gemahlene Nüsse, braunen Zucker, Vanillezucker, Mehl, Backpulver und Zimt in einer Schüssel verrühren. Den Eischnee behutsam mit einem Teigschaber unterheben. Den Teig gleichmäßig auf die Mulden verteilen, sodass sie ca. zu drei Vierteln gefüllt sind, und 17–20 Minuten backen. Die Mini-Gugelhupfe anschließend auskühlen lassen und aus dem Blech lösen.

Für den Guss Puderzucker mit Orangensaft und -abrieb verrühren. Die Nüsse hacken. Die Gugelhupfe mit dem Guss und den gehackten Nüssen verzieren.

HOT CHERRY HAND PIES

Es heißt, die Hand Pies hätten in New York irgendwann die allseits beliebten Cupcakes von ihrem Thron gestoßen. Wahr oder nicht, diese blättrig-buttrigen kleinen Halbmonde können es auf alle Fälle mit jedem Cupcake aufnehmen!

Für den Teig Mehl, Stärke, Zucker und Salz in einer Schüssel mischen. Die Butter in Stücke schneiden und mit der Mehlmischung krümelig reiben. Schmand und 120 ml eiskaltes Wasser verrühren und zum Teig geben. Alles glatt kneten, zu einer Kugel formen und in Frischhaltefolie wickeln, mindestens 30 Minuten kalt stellen. Sollte der Teig zu klebrig sein, etwas mehr Mehl untermengen. Ist er zu trocken, etwas Wasser zufügen.

Währenddessen für die Füllung die Kirschen abgießen und abtropfen lassen, dabei 75 ml Saft auffangen. Beides mit Zucker, Vanillezucker und Zimt in einen Topf geben, verrühren und zum Köcheln bringen. Die Limette heiß abwaschen, trocken tupfen, 2 TL Schale abreiben und den Saft auspressen. Den Limettensaft mit der Speisestärke glatt rühren und unter die Kirschen mischen. Alles ein paar weitere Minuten unter Rühren köcheln lassen, bis die Mischung eindickt. Den Topf vom Herd ziehen und Honig und Limettenabrieb untermischen.

Den Backofen auf 190 °C Ober-/Unterhitze (170 °C Umluft) vorheizen, zwei Backbleche mit Backpapier auslegen. Den Teig auf der leicht bemehlten Arbeitsfläche zu ca. 4 mm dicken Kreisen à 16 cm Ø ausrollen (oder mit einer kleinen Springform à 16 cm Ø ausstechen). Vier Kreise auf ein Blech legen und die Ränder mit etwas verquirltem Eigelb bestreichen. Auf einer Hälfte 2 EL Füllung verteilen, die andere Hälfte mehrfach einschneiden oder daraus einen Stern oder ein Herz ausstechen, damit die heiße Luft beim Backen entweichen kann. Den eingeschnittenen Teig über die Füllung klappen. Die Ränder mithilfe einer Kuchengabel gut andrücken. Die Oberfläche der Hand Pies mit Eigelb bestreichen und mit braunem Zucker bestreuen. Teigreste zusammenkneten und zu vier weiteren Hand Pies verarbeiten.

Die Bleche nacheinander in den Ofen schieben und die Hand Pies 22–24 Minuten goldbraun backen. Im Anschluss ca. 10 Minuten abkühlen lassen, dann noch heiß servieren.

ZUTATEN

Für 8 Stück

Für den Teig:
350 g Mehl, ggf. etwas mehr
45 g Speisestärke
45 g Zucker
1 Prise Salz
185 g kalte Butter
70 g Schmand

Für die Füllung:
350 g entsteinte, gezuckerte Sauerkirschen (Glas, Abtropfgewicht)
75 g Zucker
1 Pck. Bourbon-Vanillezucker
½ TL Zimt
1 Bio-Limette
2 EL Speisestärke
1 EL Honig

Außerdem:
Mehl für die Arbeitsfläche
1 Eigelb (Größe L), mit etwas Wasser verquirlt
brauner Zucker zum Bestreuen

MAPLE MACADAMIA TARTELETTES

In den USA und Kanada schon lange als natürliches Süßungsmittel bekannt, erfreut sich Ahornsirup auch hierzulande immer größerer Beliebtheit. Je heller der Ahornsirup ist, desto besser ist seine Qualität. In Europa unterscheidet man die Güteklassen AA, A, B, C, D, wobei AA die beste (und hellste) Qualitätsstufe ist, während D sehr dunkel und besonders zum Kochen und Backen geeignet ist.

ZUTATEN

Für 6 Tartelettes bzw. 6 Tartelettesförmchen (à 10 cm ⌀, am besten mit Heberboden)

Für den Teig:
200 g Mehl
50 g gemahlene Mandeln
2 TL Zucker
½ TL Zimt
1 Prise Salz
125 g kalte Butter
1 Eigelb

Für die Füllung:
85 g Zucker
50 g Ahornsirup
125 g gesalzene Macadamianusskerne
80 g gehackte Mandeln
85 ml Sahne

Außerdem:
Butter und Mehl für die Förmchen, Mehl für die Arbeitsfläche
Puderzucker zum Bestäuben, nach Belieben

Für den Teig Mehl, Mandeln, Zucker, Zimt und Salz in einer Schüssel mischen. Die Butter zugeben und mit der Mehlmischung krümelig reiben. Das Eigelb untermengen und alles zu einem glatten Teig verkneten. Zu einer Kugel formen, in Frischhaltefolie wickeln und 30 Minuten kalt stellen.

Für die Füllung Zucker und Ahornsirup in einem Topf bei mittlerer Temperatur erhitzen und hellbraun karamellisieren. Macadamias hacken, mit den Mandeln zugeben und gut unterrühren. Dann die Nussmischung mit der Sahne ablöschen und ein paar Minuten köcheln lassen. Die Füllung abkühlen lassen.

Den Backofen auf 190 °C Ober-/Unterhitze (170 °C Umluft) vorheizen. Die Förmchen sorgfältig mit Butter fetten und mit Mehl ausstäuben, überschüssiges Mehl herausklopfen. Den Teig auf der leicht bemehlten Arbeitsfläche ca. 3 mm dick ausrollen und die Tartelettesförmchen komplett damit auslegen. Den Teig auch an den Rändern gut andrücken. Übrig gebliebenen Teig wieder zusammenkneten. Die Böden mehrfach mit einer Gabel einstechen und ca. 12 Minuten vorbacken. Aus dem Ofen nehmen und die Temperatur auf 175 °C reduzieren.

Die Nussmischung auf den Böden verteilen. Aus dem übrigen Teig Sterne und kleine Kreise ausstechen und die Füllung damit belegen. Die Tartelettes 17–20 Minuten fertig backen. Anschließend auskühlen lassen und vorsichtig aus den Förmchen lösen. Nach Belieben mit Puderzucker bestäubt servieren.

AMARETTO PLUM CRUMBLE

Seinen Ursprung hatte der Crumble vermutlich in der Zeit des Zweiten Weltkriegs. Fett und Zucker waren Mangelware und so ließen britische Hausfrauen kurzerhand den Kuchenboden weg und bedeckten das Obst mit Streuseln. Heute erfreut sich der Crumble nicht nur bei Streuselkuchenfans großer Beliebtheit. Wir verleihen ihm mit einem Hauch Amaretto eine festlich-weihnachtliche Note.

Für die Füllung die Pflaumen waschen, halbieren, entsteinen und die Hälften je nach Größe noch ein- bis zweimal durchschneiden. Die Äpfel schälen, vom Kerngehäuse befreien und in 1 cm große Würfel schneiden. Die Butter mit dem Zucker in einer Pfanne zerlassen und die Pflaumen und Apfelwürfel darin ca. 5 Minuten dünsten. Mit Amaretto ablöschen und diesen kurz reduzieren lassen. Dann Zimt, Ingwer und Orangenabrieb unterrühren und die Pflaumenmischung in eine ofenfeste Form geben.

Den Backofen auf 200 °C Ober-/Unterhitze (180 °C Umluft) vorheizen. Für den Crumble die Butter würfeln. Mehl, Zucker, Mandeln und Salz mischen und die Butter mit den Fingerspitzen einarbeiten, bis dicke Streusel entstehen. Die Haferflocken untermengen.

Die Streusel auf der Pflaumenmischung verteilen, mit Butterflöckchen belegen und im Ofen 24–28 Minuten goldbraun backen. Anschließend abkühlen lassen und mit Vanilleeis oder Sahne servieren.

ZUTATEN

Für 6 Personen bzw. 1 ofenfeste Form (ca. 24 cm mit 1,75 l Inhalt)

Für die Füllung:
10 Pflaumen
2 Äpfel
2 EL Butter
2 EL brauner Zucker
2 EL Amaretto
½ TL Zimt
¼ TL Ingwerpulver
2 TL Abrieb von 1 Bio-Orange

Für den Crumble:
200 g kalte Butter
160 g Mehl
100 g brauner Zucker
60 g gemahlene Mandeln
1 Prise Salz
30 g Haferflocken

Außerdem:
1 EL Butter in Flöckchen
Vanilleeis oder Sahne
zum Servieren

ESPRESSO-BROWNIES

In den USA werden Brownies sehr saftig gebacken. Soll das Backergebnis eher wie ein klassischer Schokokuchen sein, den Kuchen einfach ca. 10 Minuten länger im Ofen lassen. Wer die Leckerbissen noch veredeln möchte, serviert dazu eine cremige Schokoladensoße. Einfach 250 ml Wasser, 180 g Zucker und 1 Prise Salz aufkochen. 100 g Kakaopulver einrühren. Die Mischung ca. 3 Minuten köcheln lassen, dabei weiterrühren. Vom Herd ziehen und auskühlen lassen.

ZUTATEN

*Für 1 eckige Backform
(ca. 24 x 24 cm) bzw. 9 Stück*

200 g Zartbitterschokolade
150 g Butter
85 g Mehl
1 EL Kakaopulver
50 g gemahlene Haselnüsse
75 g Schokoladen-Mokkabohnen
2 TL lösliches Espressopulver
5 Eier
150 g brauner Zucker
1 Pck. Bourbon-Vanillezucker
1 Prise Salz

Außerdem:
Kakaopulver zum Bestäuben

Den Backofen auf 180 °C Ober-/Unterhitze (160 °C Umluft) vorheizen. Die Backform sorgfältig mit Backpapier auslegen.

Die Schokolade in Stücke brechen und mit der Butter über einem heißen Wasserbad schmelzen, dann abkühlen lassen. Das Mehl mit Kakao und gemahlenen Haselnüssen mischen. Die Mokkabohnen grob hacken.

Das Espressopulver in 3 EL kochend heißem Wasser auflösen und mit Eiern, Zucker, Vanillezucker und Salz in einer großen Schüssel gründlich verrühren, bis die Masse schaumig ist. Die Schokoladenmischung und anschließend die Mehlmischung nach und nach zügig unterrühren. Die gehackten Schokobohnen untermengen. Den Teig gleichmäßig in die Form füllen, glatt streichen und 27–30 Minuten backen. Er sollte innen noch leicht feucht sein.

Den Brownie anschließend etwas abkühlen lassen, mit Kakaopulver bestäuben und in neun Stücke schneiden. Am besten noch lauwarm servieren.

BRATAPFEL-KUCHEN

Der Duft von Bratäpfeln ist untrennbar mit Adventszeit, Kindheit und gemütlichen Winterabenden verbunden. Beim Festtagsbrunch schmückt die Weihnachtsnascherei den Tisch in Form eines dekorativen Kuchens.

Für die Bratäpfel 500 ml Wasser, Apfelsaft, Amaretto, Zitronensaft, Zucker, Vanillezucker und Nelken in einem großen, weiten Topf aufkochen und ca. 10 Minuten köcheln lassen. Währenddessen die Äpfel schälen und mit einem Apfelausstecher vom Kerngehäuse befreien. Die Äpfel in den Sud geben und bei niedriger Temperatur zugedeckt ca. 12 Minuten dünsten. Mit einem Schaumlöffel herausheben und in einem Sieb abtropfen lassen. Das Marzipan fein reiben und mit der Konfitüre vermengen. Die Rosinen untermischen.

Den Backofen auf 180 °C Ober-/Unterhitze (160 °C Umluft) vorheizen. Die Springform fetten und mit Mehl ausstäuben, überschüssiges Mehl herausklopfen. Für den Teig Butter, Zucker, Vanillezucker und Zitronenabrieb cremig rühren. Die Eier einzeln unterrühren. Mehl, Mandeln, Zimt, Backpulver und Salz mischen und abwechselnd mit der Crème fraîche unterrühren. Den Teig in die Springform füllen, glatt streichen und die abgetropften Äpfel hineindrücken, dabei mindestens 2 cm Platz zum Rand lassen. Die Äpfel mit der Marzipanmasse füllen und jeweils 1 Zimtstange hineinstecken.

Den Kuchen ca. 50 Minuten goldbraun backen. Stäbchenprobe machen! Anschließend abkühlen lassen, vorsichtig aus der Form lösen und auf einem Kuchengitter vollständig auskühlen lassen. Mit reichlich Puderzucker bestäubt servieren.

ZUTATEN

Für 1 Springform (26 cm ⌀)

Für die Bratäpfel:
500 ml Apfelsaft
50 ml Amaretto
Saft von 2 Bio-Zitronen
100 g Zucker
1 Pck. Bourbon-Vanillezucker
2 Gewürznelken
8 Äpfel
120 g Marzipanrohmasse
60 g Apfelkonfitüre (alternativ Aprikosenkonfitüre)
1 Handvoll Rosinen
8 Zimtstangen

Für den Teig:
125 g weiche Butter
125 g brauner Zucker
1 Pck. Bourbon-Vanillezucker
Abrieb von 1 Bio-Zitrone
3 Eier
150 g Mehl
50 g gemahlene Mandeln
½ TL Zimt
1 ½ TL Backpulver
1 Prise Salz
100 g Crème fraîche

Außerdem:
Butter und Mehl für die Form
Puderzucker zum Bestäuben

PEANUTBUTTER CHOCOLATE BARS

Wer die Erdnussbutter gerne selbst machen möchte, nimmt 250 g geröstete, ungesalzene Erdnüsse und zerkleinert sie zusammen mit einer Prise Salz in der Küchenmaschine. Dabei so viel Erdnussöl (insgesamt ca. 2 EL) zufügen, dass eine cremige Masse entsteht. In ein sauberes Schraubglas gefüllt, hält sich die Erdnussbutter im Kühlschrank ca. 2 Wochen.

ZUTATEN

Für 10 Riegel

Für die Bars:
75 g geröstete, gesalzene Erdnusskerne
40 g Vollmilchschokolade
40 g Zartbitterschokolade
40 g Haferflocken
100 g weiche Butter
60 g Zucker
1 Pck. Bourbon-Vanillezucker
1 Ei
50 g cremige Erdnussbutter
150 g Mehl
50 g gemahlene Mandeln

Für die Glasur:
25 ml Milch
35 g Puderzucker
100 g cremige Erdnussbutter
½ TL Kokosöl
¼ TL Zimt

Für die Bars die Erdnüsse fein hacken. Beide Schokoladensorten raspeln und mit den Erdnüssen und den Haferflocken vermengen.

Die Butter mit Zucker und Vanillezucker in einer Schüssel cremig rühren, dann das Ei und die Erdnussbutter untermischen. Mehl mit gemahlenen Mandeln vermengen und zügig unter die Buttermasse rühren. Die Erdnussmischung zugeben und ebenfalls rasch untermengen. Den Teig zu einer Kugel formen, in Frischhaltefolie wickeln und 1 Stunde in den Kühlschrank stellen.

Den Backofen auf 180 °C Ober-/Unterhitze (160 °C Umluft) vorheizen. Den Teig auf einem Bogen Backpapier zu einem ca. 20 cm großen und ca. 1,5 cm dicken Quadrat ausrollen. Den Teig mit dem Backpapier auf ein Backblech ziehen und ca. 20 Minuten backen. Der Teig erscheint dann noch etwas weich, härtet aber beim Auskühlen nach.

Inzwischen für die Glasur Milch, Puderzucker, Erdnussbutter, Kokosöl und Zimt in einem kleinen Topf erhitzen und gründlich verrühren. Die Glasur abkühlen lassen.

Den fertig gebackenen Teig ebenfalls abkühlen lassen. Anschließend die Seiten begradigen und den Rest in zehn Riegel schneiden. Jeden Riegel mit der Glasur bestreichen.

ROTE-BETE-PEKANNUSS-BROT

Durch seine warme bordeauxrote Farbe ist dieses Brot nicht nur ein Augenschmaus, der erdige Geschmack der Bete in Kombination mit den Pekannüssen verwöhnt auch den Gaumen! Besonders lecker schmeckt das Brot mit Ziegenfrischkäse.

Die Pekannüsse hacken. Die Rote Bete mit dem Sahnemeerrettich fein pürieren.

Beide Mehlsorten in einer Schüssel mit dem Salz vermengen. Die Hefe in 75 ml lauwarmes Wasser bröseln und darin auflösen. Das Hefewasser mit dem Rote-Bete-Püree zum Mehl geben und alles ca. 5 Minuten verkneten. Dann Nüsse und Honig zugeben und gründlich unterkneten. Die Schüssel mit Frischhaltefolie abdecken und den Teig ca. 1 ½ Stunden gehen lassen.

Den Teig auf der bemehlten Arbeitsfläche mit ebenfalls bemehlten Händen rund wirken. Den Laib auf ein mit Backpapier ausgelegtes Blech setzen, die Oberfläche kreuzweise einschneiden, abdecken und nochmals 30 Minuten gehen lassen.

Ein ofenfestes Schälchen mit Wasser auf den Boden des Backofens stellen und diesen auf 225 °C Ober-/Unterhitze vorheizen. (Der Wasserdampf sorgt beim Backen für eine schöne Kruste). Das Brot 12 Minuten backen. Dann das Schälchen mit dem Wasser entfernen und die Temperatur auf 210 °C reduzieren. Das Brot weitere ca. 25 Minuten fertig backen. Anschließend auf einem Gitter auskühlen lassen.

ZUTATEN

Für 1 kleines rundes Brot

100 g Pekannusskerne
150 g weich gegarte Rote Bete, geschält
1 TL Sahnemeerrettich (Glas)
200 g Weizenmehl
100 g Weizenvollkornmehl
1 geh. TL Salz
10 g Frischhefe
1 geh. TL Honig

Außerdem:
Mehl für die Arbeitsfläche und zum Arbeiten

PAPRIKA-PINIENKERN-CREME

Diese herzhaft-fruchtige Creme entfaltet ihren vollaromatischen Geschmack am besten auf frischem Brot, Pasta oder als Dip zu Gemüsesticks.

ZUTATEN

Für ca. 500 g

3 rote Paprikaschoten
2 EL Olivenöl
30 g Pinienkerne
2 Zweige Thymian
75 g Doppelrahm-Frischkäse
120 g gehäutete Paprika aus dem Glas, abgetropft
1 TL Ajvar
Salz
frisch gemahlener schwarzer Pfeffer
½ TL Paprikapulver (edelsüß)
½ TL Zucker
Chiliflocken nach Belieben

Den Backofen auf 220 °C Ober-/Unterhitze (200 °C Umluft) vorheizen, ein Backblech mit Backpapier auslegen. Die Paprikas halbieren, von Samen und Scheidewänden befreien, waschen und mit der Hautseite nach oben auf das Blech legen. Mit Olivenöl beträufeln und ca. 25 Minuten im Ofen backen, bis die Haut schwarz wird und Blasen wirft. Die heißen Paprikas sofort in eine Schüssel geben und mit Frischhaltefolie abdecken. Nach ca. 15 Minuten die Folie entfernen und die Paprikas häuten.

Inzwischen die Pinienkerne in einer Pfanne ohne Fett trocken anrösten, bis sie goldbraun sind. Aufpassen, dass sie nicht anbrennen. Den Thymian abbrausen, trocken tupfen und die Blättchen abzupfen.

Die Paprikas grob hacken und mit dem Öl vom Blech bzw. aus der Schüssel, Pinienkernen, Thymian, Frischkäse, grob geschnittenen Paprika aus dem Glas und Ajvar in einen Mixer geben. Alles fein pürieren und mit Salz, Pfeffer, Paprikapulver, Zucker und Chiliflocken würzen.

OLIVEN-THYMIAN-TAPENADE

Tapenade ist eine Spezialität der provenzalischen Küche, die ihren Namen dem provenzalischen Wort für Kapern, *tapenos*, verdankt. Die schmackhafte Paste ist vielseitig einsetzbar: Sie eignet sich zum Würzen von Gemüse und Salaten, als Dip oder Brotaufstrich.

Oliven und Kapern abtropfen lassen und grob hacken. Die Sardellen abspülen, trocken tupfen und ebenfalls hacken. Die Zitrone heiß abwaschen, trocken tupfen, 2 TL Schale fein abreiben und 1 EL Saft auspressen. Den Knoblauch schälen und klein schneiden. Die Kräuter abbrausen, trocken tupfen und die Blättchen bzw. Nadeln abstreifen.

Alles mit 3 EL Olivenöl in einen Mixer geben und pürieren. Die Tapenade darf gern noch etwas stückig sein. Bei Bedarf das restliche Öl untermixen. Mit Pfeffer abschmecken. In ein größeres oder zwei kleine Schraubgläser geben, mit Öl bedecken und gut verschlossen und kühl lagern (3–4 Wochen haltbar).

ZUTATEN

Für ca. 250 g

200 g schwarze Oliven ohne Stein
20 g Kapern (1 kleines Gläschen, Abtropfgewicht)
2 Sardellenfilets (in Salzlake)
½ Bio-Zitrone
2 Knoblauchzehen
3 Zweige Thymian
1 Stängel Basilikum
4 EL Olivenöl
frisch gemahlener schwarzer Pfeffer

Außerdem:
Olivenöl zum Bedecken

SANTA WAS HERE

WARM UND HERZHAFT

HASH-BROWN-WAFFELN MIT KAVIAR UND FRISCHKÄSE

Das Waffeleisen ist für die typisch amerikanischen Hash Browns perfekt geeignet. Die beliebte Kartoffelspeise bekommt so eine wunderbar gleichmäßige Kruste, während sie innen schön weich bleibt.

Die Kartoffeln schälen und mithilfe der Küchenmaschine oder einer Reibe grob raspeln. Die geraspelten Kartoffeln in eine Schüssel mit Wasser geben, damit die Stärke abgespült wird (so werden sie schön knusprig). Die Kartoffeln in ein Sieb abgießen und abtropfen lassen, dann in ein sauberes Küchentuch geben und auch die restliche Flüssigkeit gründlich ausdrücken. Die ausgedrückten Kartoffeln wieder in eine Schüssel geben.

Die Schalotten schälen und sehr fein hacken. Schalotten, Eier, Öl und Mehl zu den Kartoffeln geben und alles gut miteinander vermengen. Die Hash-Brown-Masse kräftig mit Meersalz, Cayennepfeffer und Paprikapulver würzen.

Das Waffeleisen mit etwas Rapsöl einpinseln und erhitzen. Dann die Hash Browns darin ausbacken, bis sie goldbraun und knusprig sind. Das dauert je nach Waffeleisen ca. 7 Minuten.

Den Schnittlauch waschen, trocken tupfen und in Röllchen schneiden. Mit Frischkäse, Joghurt und etwas Salz und Pfeffer verrühren. Die Hash-Brown-Waffeln mit Frischkäsedip und Kaviar servieren.

ZUTATEN

Für 4 Personen
(bzw. 8–10 belgische Waffeln)

1 kg festkochende Kartoffeln
2 kleine Schalotten
2 Eier
1 EL Rapsöl
2 EL Mehl
Meersalz
Cayennepfeffer
Paprikapulver (edelsüß)
½ Bund Schnittlauch
200 g Doppelrahm-Frischkäse
150 g Naturjoghurt
(3,5 % Fett)
frisch gemahlener
schwarzer Pfeffer
50 g Lachskaviar (ersatzweise anderer Kaviar)

Außerdem:
Rapsöl zum Ausbacken
Waffeleisen

ROASTBEEF BITES

Was gibt es Besseres als kleines Fingerfood zum Brunch? Diese Roastbeef Bites sind Häppchen der Extraklasse und erfreuen Gäste und Gastgeber.

ZUTATEN

Für ca. 20 Häppchen

400 g Rumpsteak oder Rinderfilet (3–4 cm breit)
30 g Parmesan
50 g Rucola
2 Zweige Thymian
2 TL Balsamicoessig
½ TL Honig
2 EL Olivenöl
Salz
frisch gemahlener schwarzer Pfeffer
4 Scheiben Ciabatta (1 cm dick)
2 TL Butter

Außerdem:
neutrales Öl
zum Braten
Zahnstocher

Das Fleisch mindestens 30 Minuten vor dem Braten Zimmertemperatur annehmen lassen. Den Parmesan hobeln oder reiben. Den Rucola verlesen, von dicken Stielen befreien, waschen und trocken schleudern. Den Thymian abbrausen, trocken tupfen und die Blättchen abstreifen. Balsamico, Honig und Olivenöl verrühren und mit Salz und Pfeffer würzen. Thymian und Rucola untermischen.

Den Backofen auf 120 °C Ober-/Unterhitze (100 °C Umluft) vorheizen und ein tiefes Backblech auf mittlerer Schiene hineingeben. Die Ciabattascheiben mit Butter bestreichen und in einer heißen Grillpfanne ca. 5 Minuten leicht knusprig und goldbraun rösten. Anschließend in 2 cm große Würfel schneiden. Die Pfanne auswischen und etwas Öl darin erhitzen. Das Fleisch darin von beiden Seiten ca. 2 Minuten scharf anbraten, bis es gut gebräunt ist. Auf das heiße Blech legen und ca. 12 Minuten im Ofen weitergaren. Das Fleisch sollte innen schön rosa sein.

Das Fleisch in dünne Scheiben schneiden und kräftig mit Salz und Pfeffer würzen. Parmesan und Rucolamischung darauf verteilen und die Scheiben eng aufrollen. Jeweils mit einem Ciabattawürfel auf einen Zahnstocher spießen. Warm oder kalt servieren.

WILD HOTDOGS MIT CRANBERRY-RELISH

ZUTATEN

Für 4 Wild Hotdogs

Für die Buns:
250 g Mehl
20 g Zucker
½ TL Salz
8 g Frischhefe
50 ml lauwarme Vollmilch
20 ml Rapsöl
1 Eigelb

Für das Cranberry-Relish:
2 kleine rote Zwiebeln
2 TL Butter
75 ml Balsamicoessig
160 g brauner Zucker
320 g frische Cranberrys
¼ TL Zimt
1 Prise gemahlener Kardamom
2 Gewürznelken
2 Wacholderbeeren
2 Zweige Thymian
1 Zweig Rosmarin
Salz
frisch gemahlener
schwarzer Pfeffer

Außerdem:
Mehl für die Arbeitsfläche
1 Eigelb, mit 2 EL Milch
verquirlt
4 Wildbratwürste oder Wiener
Wildwürstchen (z. B. Hirsch,
online, im Wildhandel oder
gut sortierten Supermarkt
erhältlich)
ggf. etwas neutrales Öl
zum Braten
Röstzwiebeln zum Bestreuen

Für die Buns Mehl, Zucker und Salz in einer Schüssel mischen. Die Hefe in die lauwarme Milch bröseln und darin unter Rühren auflösen. Dann die Hefemilch mit 75 ml lauwarmem Wasser, dem Öl und dem Eigelb zur Mehlmischung geben und alles ca. 5 Minuten zu einem geschmeidigen Teig verkneten. Die Schüssel mit Frischhaltefolie abdecken und den Teig ca. 2 Stunden an einem warmen Ort gehen lassen.

Anschließend den Teig auf der leicht bemehlten Arbeitsfläche in vier gleich schwere Portionen (à ca. 100 g) teilen und diese zunächst rund wirken, dann länglich formen. Sollte der Teig zu klebrig sein, ggf. noch etwas Mehl einarbeiten. Die Teiglinge auf einem Blech mit Backpapier verteilen, abdecken und erneut ca. 30 Minuten gehen lassen.

Den Backofen auf 190 °C Ober-/Unterhitze (170 °C Umluft) vorheizen, eine ofenfeste Schüssel mit Wasser auf den Boden des Ofens stellen (der Wasserdampf sorgt dafür, dass die Buns nicht austrocknen). Die Buns dünn mit der Eigelbmischung bestreichen. Das Blech in den Ofen schieben und die Buns ca. 20 Minuten goldbraun backen. Anschließend auf einem Gitter auskühlen lassen.

Für das Cranberry-Relish die Zwiebeln schälen und fein würfeln. Die Butter in einem Topf erhitzen und die Zwiebeln darin anschwitzen. Mit Balsamico ablöschen. Zucker, Cranberrys, Gewürze und Kräuter zugeben und alles aufkochen. Das Relish mit halb aufgelegtem Deckel und unter gelegentlichem Rühren ca. 12 Minuten köcheln lassen, bis es leicht eingedickt ist. Beim Abkühlen dickt es dann noch nach. Mit Salz und Pfeffer würzen. Gewürze und Kräuter entfernen.

Die Wildbratwürste in einer Pfanne in Öl anbraten, Wildwürstchen in siedendem Wasser erhitzen. Das Relish erneut erwärmen. Die Buns längs einschneiden und jeweils reichlich Relish auf den Unterseiten verteilen. Mit Wildbratwurst oder -würstchen belegen, mit Röstzwiebeln bestreuen und sofort servieren.

ROSEMARY POTATO SOUP

An kalten Wintertagen ist eine wärmende Suppe genau das Richtige. Diese Kartoffelsuppe wird mit Weißwein und Rosmarin verfeinert und so zu einem echten Geschmackshighlight.

ZUTATEN

Für 4 Personen

Für die Suppe:
3 Schalotten
1 Stange Staudensellerie
½ Zweig Rosmarin
750 g mehligkochende Kartoffeln
1 EL Olivenöl
1 EL Butter
100 ml Weißwein
ca. 800 ml Hühnerbrühe (ersatzweise Gemüsebrühe)
150 ml Sahne
Salz
frisch gemahlener schwarzer Pfeffer
frisch gemahlene Muskatnuss

Für die Rosmarin-Knoblauch-Croûtons:
4 Scheiben Weißbrot
1 Zweig Rosmarin
2 Knoblauchzehen
2 EL Butter
Salz
frisch gemahlener schwarzer Pfeffer

Außerdem:
2 EL getrocknete Tomaten

Die Schalotten schälen und fein würfeln. Den Sellerie waschen, putzen und ebenfalls fein würfeln. Den Rosmarin abbrausen, trocken tupfen, die Nadeln abstreifen und fein hacken. Die Kartoffeln schälen und in 2–3 cm große Würfel schneiden. Olivenöl und Butter in einem Topf erhitzen. Die Schalotten darin 5 Minuten mit dem Sellerie und dem Rosmarin glasig dünsten, dann die Kartoffeln zugeben und ein paar Minuten mitdünsten. Mit Weißwein ablöschen und diesen kurz reduzieren lassen. Dann so viel Brühe angießen, dass die Kartoffelwürfel gerade von Flüssigkeit bedeckt sind. Alles einmal aufkochen, den Deckel auflegen und die Suppe bei niedriger bis mittlerer Temperatur ca. 20 Minuten köcheln lassen.

Währenddessen für die Croûtons das Weißbrot entrinden und in 1 cm große Würfel schneiden. Den Rosmarin abbrausen, trocken tupfen, die Nadeln abstreifen und fein hacken. Den Knoblauch schälen und mit dem Messerrücken andrücken. Die Butter mit Rosmarin und Knoblauch in einer Pfanne zerlassen. Die Brotwürfel zugeben und darin unter häufigem Rühren ca. 10 Minuten knusprig und goldbraun braten. Mit Salz und Pfeffer würzen.

Sobald die Kartoffelwürfel weich sind, die Suppe mit einem Pürierstab fein mixen. Die Sahne unterrühren und die Suppe mit Salz, Pfeffer und Muskat abschmecken. Sollte sie zu dickflüssig sein, noch etwas Brühe zugeben. Die getrockneten Tomaten fein hacken. Die Suppe auf Teller verteilen und mit den Croûtons und getrockneten Tomaten bestreut servieren. Nach Belieben zusätzlich mit Rosmarin garnieren.

Für die Buns 750 ml lauwarmes Wasser und Milch mischen, die Hefe hineinbröseln und unter Rühren auflösen. Beide Mehlsorten mit dem Salz in einer Schüssel vermengen. Die Hefemischung, Olivenöl, Honig und das Ei zugeben. Alles ca. 5 Minuten zu einem geschmeidigen Teig verkneten. Den Teig in der Schüssel mit Frischhaltefolie abdecken und ca. 1 ½ Stunden gehen lassen.

Den Backofen auf 200 °C Ober-/Unterhitze (180 °C Umluft) vorheizen, ein Blech mit Backpapier auslegen. Den Teig mit leicht bemehlten Händen auf der ebenfalls bemehlten Arbeitsfläche zu einem ca. 2 cm dicken Fladen flach drücken. Daraus ca. 5 cm große Kreise ausstechen und diese auf dem Blech verteilen. Teigreste erneut zusammenkneten, flach drücken und ausstechen. Die Teigmenge ergibt so ca. 10 Buns.

Die Buns mit verquirltem Eigelb bestreichen und mit Chiasamen bestreuen. Dann 12–15 Minuten im Ofen goldbraun backen. Anschließend abkühlen lassen und mit einem feuchten Küchentuch abdecken. So bleiben die Brötchen schön weich.

Für die Slider den Backofen auf 190 °C Ober-/Unterhitze (170 °C Umluft) vorheizen und ein Backblech mit Backpapier auslegen. Die Zucchini putzen und in zehn 1 cm dicke Scheiben schneiden. Die Zucchinischeiben auf dem Blech verteilen und von beiden Seiten mit etwas Olivenöl bestreichen, mit Salz und Pfeffer würzen und mit Oregano bestreuen. Dann ca. 20 Minuten im Ofen braten, zwischendurch einmal wenden. Nach Belieben in den letzten Minuten die Grillfunktion zuschalten.

Inzwischen die Tomaten vom Stielansatz befreien und in Scheiben schneiden. Die Zwiebelhälfte in dünne Ringe schneiden. Den Feta zerbröseln. Den Rucola verlesen, waschen und trocken tupfen. Die Pinienkerne in einer Pfanne ohne Fett goldbraun rösten. Die Zucchinischeiben mit je einer Tomatenscheibe und einem Zwiebelring belegen und mit Feta bestreuen. Das Blech für weitere 3 Minuten in den Ofen geben. Etwas Butter in einer Grillpfanne zerlassen. Die Buns halbieren und mit den Schnittflächen nach unten in der Pfanne anrösten, anschließend die Schnittflächen mit Paprika-Pinienkern-Creme bestreichen und mit Rucola belegen. Auf die unteren Bunhälften je ein Zucchini-Türmchen setzen und mit Pinienkernen bestreuen. Die oberen Bunhälften draufsetzen und die Slider nach Belieben mit Zahnstochern fixiert servieren.

ZUTATEN

Für 10 Slider

Für die Buns:
50 ml lauwarme Vollmilch
10 g Frischhefe
125 g Weizenmehl
125 g Weizenvollkornmehl
½ TL Salz
2 EL Olivenöl
1 TL Honig, 1 Ei

Für die Slider:
1 Zucchini
Olivenöl zum Bestreichen
Salz und Pfeffer
1 TL getrockneter Oregano
2 Tomaten
½ rote Zwiebel
150 g Fetakäse
1 Handvoll Rucola
15 g Pinienkerne
100 g Paprika-Pinienkern-Creme
(Rezept s. S. 76), alternativ rotes Pesto

Außerdem:
Mehl für die Arbeitsfläche und zum Arbeiten
1 Eigelb, mit 1 EL Wasser verquirlt
Chiasamen zum Bestreuen
Butter zum Braten

SWEET POTATO RICOTTA SALAD

Kaum eine Knolle erfreut sich zurzeit so großer Beliebtheit wie die Süßkartoffel. Cremig, süß und herzhaft ist sie der Star in diesem Salat. Wer möchte, rundet ihn noch mit Blattspinat und Haselnüssen ab.

ZUTATEN

Für 4 Portionen

Für den Salat:
800 g Süßkartoffeln
3 EL Olivenöl
Meersalz
frisch gemahlener schwarzer Pfeffer
½ TL Zimt
200 g Feldsalat
150 g Ricotta

Für das Dressing:
2 EL Balsamicoessig
1 TL Honig
5 EL Olivenöl
Salz
frisch gemahlener schwarzer Pfeffer

Außerdem:
50 g Walnusskerne
1 EL brauner Zucker
1 TL Honig

Den Backofen auf 200 °C Ober-/Unterhitze (180 °C Umluft) vorheizen, ein Backblech mit Backpapier auslegen. Für den Salat die Süßkartoffeln schälen, in 2 cm große Würfel schneiden und auf dem Blech verteilen. Mit dem Olivenöl vermengen und mit Meersalz, Pfeffer und Zimt würzen. Die Süßkartoffelwürfel 25–30 Minuten im Ofen rösten, bis sie weich und schön gebräunt sind. Währenddessen ein- bis zweimal wenden.

Inzwischen den Feldsalat putzen, waschen und trocken schleudern. Den Salat in eine Schüssel geben. Für das Dressing alle Zutaten gut miteinander verrühren. Mit Salz und Pfeffer abschmecken. Die Hälfte des Dressings mit dem Salat mischen.

Die Walnüsse grob hacken. Den Zucker mit dem Honig in einer Pfanne karamellisieren. Die Walnüsse zugeben und ein paar Minuten unter häufigem Rühren goldbraun rösten.

Den Salat auf Teller verteilen und die heißen Süßkartoffelwürfel daraufgeben. Den Ricotta in kleinen Häufchen darauf verteilen und das restliche Dressing darüberträufeln. Den Salat mit den karamellisierten Nüssen bestreut servieren.

PARMESAN-SHORTBREADKEKSE MIT KRÄUTERN

Diese herzhafte Knabberei lässt sich wunderbar vorbereiten und ist der perfekte Begleiter, wenn schon zum Frühstück die Korken knallen. Ein Hoch auf die Feiertage!

Mehl, gemahlene und gehackte Mandeln, Thymian, Oregano, Salz, Cayennepfeffer und Paprikapulver in einer Schüssel vermengen. Die Butter würfeln und mit dem Parmesan und dem Ahornsirup zur Mehlmischung geben.

Alle Zutaten am besten mit den Händen zu einem glatten Teig verkneten. Den Teig zu einer 5 cm dicken Rolle formen, in Frischhaltefolie wickeln und 1 Stunde in den Kühlschrank oder 20 Minuten ins Tiefkühlfach legen.

Den Backofen auf 190 °C Ober-/Unterhitze (170 °C Umluft) vorheizen, ein Blech mit Backpapier auslegen. Die Teigrolle in 8 mm dicke Scheiben schneiden und diese auf dem Blech verteilen. Die Shortbreadkekse 12–14 Minuten goldbraun backen. Anschließend auf dem Blech kurz abkühlen, dann auf einem Kuchengitter vollständig auskühlen lassen.

ZUTATEN

Für 12–14 Kekse

120 g Mehl
30 g blanchierte, gemahlene Mandeln
30 g gehackte Mandeln
1 TL getrockneter Thymian
1 TL getrockneter Oregano
1 Prise Salz
1 Prise Cayennepfeffer
¼ TL Paprikapulver (edelsüß)
100 g kalte Butter
50 g Parmesan, fein gerieben
2 ½ TL Ahornsirup

BAGEL MIT FORELLE UND HONIG-SENF-SOSSE

ZUTATEN

Für 4 Bagel

Für die Bagels:
250 g Weizenmehl + Mehl zum Arbeiten
1 TL Salz + 1 TL extra
12 g Frischhefe
½ TL Zucker + ½ TL extra
2 TL Rapsöl
Sesam- oder Mohnsamen zum Bestreuen

Für die Soße:
ein paar Stängel Schnittlauch nach Belieben
4 EL mittelscharfer Senf (nach Belieben körnig)
4 EL Honig

Für den Belag:
60 g weiche Butter
½ TL Salz
1 EL Saft und 1 TL Abrieb von 1 Bio-Zitrone
1 TL Sahnemeerrettich (Glas)
1 kleine Salatgurke
180 g geräuchertes Forellenfilet

Für die Bagels das Mehl in einer Schüssel mit dem Salz mischen. Die Hefe in 150 ml lauwarmes Wasser bröseln und mit dem Zucker unter Rühren auflösen. Die Hefemischung mit dem Öl zum Mehl in die Schüssel geben und alles ca. 5 Minuten glatt und geschmeidig kneten. Ist der Teig zu klebrig, etwas Mehl untermischen. Ist er zu trocken, etwas Wasser einarbeiten. Die Schüssel mit Frischhaltefolie abdecken und den Teig an einem warmen Ort ca. 1 ½ Stunden gehen lassen. Den Teig auf der bemehlten Arbeitsfläche erneut durchkneten und in vier ca. 105 g schwere Portionen teilen. Jede Teigportion zu einer gleichmäßig dicken Rolle formen, die Enden übereinanderlegen und gut festdrücken. In der Mitte sollte ein Loch von ca. 3 cm entstehen. Die Teigkringel auf einem mit Backpapier ausgelegten Blech verteilen und abgedeckt erneut ca. 20 Minuten gehen lassen.

Den Backofen auf 200 °C Ober-/Unterhitze (180 °C Umluft) vorheizen, eine ofenfeste Schüssel mit Wasser auf den Boden des Ofens stellen (der Wasserdampf bewahrt die Bagels beim Backen vor dem Austrocknen und verleiht ihnen eine schöne Kruste). In einem weiten Topf reichlich Wasser mit 1 TL Salz und ½ TL Zucker aufkochen. Die Temperatur etwas reduzieren und die Bagels nacheinander mithilfe eines großen Schaumlöffels ca. 40 Sekunden im siedenden Wasser ziehen lassen. Dann zurück auf das Blech setzen und mit Sesam oder Mohn bestreuen. Die Bagels ca. 22 Minuten im Ofen goldbraun backen. Auf einem Gitter komplett auskühlen lassen.

Für die Soße den Schnittlauch waschen, trocken tupfen und in feine Röllchen schneiden. Senf und Honig verrühren und den Schnittlauch untermischen.

Für den Belag die Butter mit Salz, Zitronensaft und -abrieb sowie dem Meerrettich verrühren. Die Gurke schälen und in Scheiben schneiden. Die Forellenfilets in grobe Stücke zupfen. Die Bagels aufschneiden, nach Belieben toasten und die Schnittflächen mit Zitronenbutter bestreichen. Gurkenscheiben und Forelle darauflegen, alles mit Soße beträufeln und die oberen Hälften aufsetzen.

HUEVOS RANCHEROS

Ursprünglich waren die „Eier nach Farmer Art" das deftig-sättigende Frühstück der Farmarbeiter in Mexiko. Inzwischen erfreut sich die Speise auf der ganzen Welt großer Beliebtheit und ist das perfekte Frühstück nach feuchtfröhlichen Feiernächten.

Zwiebel und Knoblauch schälen und würfeln. Die Paprika von Samen und Scheidewänden befreien und in feine Streifen schneiden. Die Petersilie abbrausen, trocken tupfen, die Blättchen abzupfen und hacken. Den Bacon in 1 cm breite Streifen schneiden. Die Limette auspressen.

Das Öl in einer Pfanne erhitzen. Den Bacon darin knusprig braten, anschließend aus der Pfanne heben und auf Küchenpapier abtropfen lassen.

Zwiebel, Knoblauch und Paprika in dieselbe Pfanne geben und ein paar Minuten in dem ausgelassenen Bratfett anschwitzen. Mit Salz, Pfeffer und Oregano würzen. Das Tomatenmark unterrühren und kurz anrösten. Alles mit Limettensaft, Tomaten und Sweet-Chili-Soße ablöschen und aufkochen. Die Tomaten-Paprika-Mischung ca. 12 Minuten offen köcheln lassen, bis sie leicht eindickt. Dann die gut abgetropften Kidneybohnen und ein Drittel der Petersilie unterrühren.

Mit einem Löffel vier Mulden in der Tomaten-Paprika-Mischung formen. Die Eier nacheinander in eine Tasse aufschlagen, dabei aufpassen, dass das Eigelb intakt bleibt, dann behutsam in die Mulden gleiten lassen. Die Pfanne abdecken und die Eier ca. 8 Minuten bei mittlerer Temperatur stocken lassen. Die Huevos Rancheros mit Speck und der restlichen Petersilie garnieren.

Tipp: Mit Tortillas oder Maisbrot servieren. Für eine vegetarische Variante den Speck durch zerkrümelten Feta ersetzen.

ZUTATEN

Für 4 Portionen

1 kleine rote Zwiebel
1 Knoblauchzehe
je 1 rote und gelbe Paprikaschote
5 Stängel glatte Petersilie
75 g Baconscheiben
1 kleine Limette
1 EL Olivenöl
Salz
frisch gemahlener schwarzer Pfeffer
1 TL getrockneter Oregano
1 EL Tomatenmark
400 g stückige Tomaten (Dose)
2 EL Sweet-Chili-Soße
125 g Kidneybohnen (1 kleine Dose, Abtropfgewicht)
4 frische Eier

PIZZETTE MIT KNUSPRIGEM BACON UND FEIGEN

ZUTATEN

Für 4 Pizzette

Für den Boden:
280 g Mehl + etwas
für die Arbeitsfläche
12 g Frischhefe
2 EL Olivenöl
½ TL Salz

Für die Soße:
2 Schalotten
1 Knoblauchzehe
1 EL Olivenöl
400 g stückige Tomaten (Dose)
250 g passierte Tomaten
75 ml trockener Rotwein
1 Lorbeerblatt
1 EL Balsamicoessig
1 TL getrockneter Oregano
1 Prise Chilipulver
Salz
frisch gemahlener
schwarzer Pfeffer
Zucker

Für den Belag:
250 g Büffelmozzarella
(Abtropfgewicht)
100 g Baconscheiben
4 frische Feigen
4 TL Olivenöl
Basilikumblättchen
zum Garnieren

Für den Boden das Mehl in eine Schüssel füllen und in der Mitte eine Mulde formen. Die Hefe mit den Fingern zerbröseln und in die Mulde geben. 50 ml lauwarmes Wasser zufügen und mit der Hefe und etwas Mehl vom Rand verrühren. Die Schüssel mit Frischhaltefolie abdecken und den Vorteig ca. 30 Minuten gehen lassen.

Für die Soße Schalotten und Knoblauch schälen und fein hacken. Das Olivenöl in einem Topf erhitzen und Schalotten und Knoblauch darin bei mittlerer Temperatur ein paar Minuten glasig schwitzen. Dann stückige und passierte Tomaten sowie den Rotwein einrühren, Lorbeer zufügen und alles zum Kochen bringen. Die Soße bei mittlerer Temperatur ca. 45 Minuten offen köcheln lassen, bis sie leicht eingedickt ist. Mit Balsamico, Oregano, Chilipulver, Salz, Pfeffer und Zucker würzen. Lorbeer entfernen.

100 ml lauwarmes Wasser, Olivenöl und Salz zum Teig geben und alles mindestens 5 Minuten kräftig verkneten. Den Teig zu einer Kugel formen, zurück in die Schüssel legen, abdecken und den Teig nochmals 1 ½ Stunden gehen lassen.

Den Backofen auf 225 °C Ober-/Unterhitze (205 °C Umluft) vorheizen, zwei Bleche mit Backpapier auslegen. Den Teig auf der bemehlten Arbeitsfläche in vier Portionen teilen (à ca. 115 g) und jeweils zu dünnen Fladen ausrollen. Je zwei Pizzette auf ein Blech legen und gleichmäßig mit Soße bestreichen, dabei rundum einen mindestens 3 cm breiten Rand aussparen.

Für den Belag den Mozzarella in dünne Scheiben, den Bacon in ca. 5 x 2 cm große Stücke schneiden. Die Pizzette damit belegen und nacheinander ca. 20 Minuten knusprig backen. Inzwischen die Feigen waschen, trocken tupfen und in Spalten schneiden. Die fertigen Pizzette damit belegen und mit Olivenöl beträufelt und mit Basilikum garniert servieren.

Good morning
NEW YORK

WINTERROLLEN MIT ERDNUSSDIP

Für die Füllung den halben Chinakohl putzen, waschen und in dünne Streifen schneiden. Den Apfel schälen und vom Kerngehäuse befreien. Die Möhren ebenfalls schälen. Beides am besten mit dem Julienneschneider in dünne Streifen schneiden. Den Ingwer schälen und sehr fein hacken oder reiben. Die Schalotte schälen, halbieren und in feine Ringe schneiden. Die Kerne aus der Granatapfelhälfte herauslösen. Das Koriandergrün abbrausen, trocken tupfen, die Blättchen abzupfen und hacken. Die Reisnudeln nach Packungsanweisung in Salzwasser garen und kalt abschrecken, anschließend mit einer Schere klein schneiden. Alle vorbereiteten Zutaten in einer Schüssel mischen.

Für den Erdnussdip den Knoblauch schälen und durch die Presse drücken. Mit den restlichen Zutaten verrühren, bis der Dip schön cremig ist. Mit Chiliflocken und Salz abschmecken.

Für den Teig die Stärke mit 5 EL kaltem Wasser glatt rühren. Jeweils ein Teigblatt mit etwas Stärkemischung bestreichen und mit einem zweiten Blatt belegen. Gut festdrücken, dann den Teig vierteln, sodass insgesamt 20 Quadrate (ca. 15 x 15 cm groß) entstehen. Die Teigränder mit der Stärkemischung bestreichen. Auf das untere Teigdrittel 1 EL Füllung geben, dabei jeweils etwas Platz zum Rand lassen. Die Seiten 2–3 cm über die Füllung schlagen, dann den Teig von unten eng aufrollen. Den oberen Rand erneut mit Stärkemischung bestreichen, sodass die ca. 9 x 2 cm großen Röllchen gut verschlossen sind und beim Frittieren keine Füllung herauslaufen kann.

Das Öl in einem Topf auf ca. 170 °C erhitzen. Es ist heiß genug, wenn an einem hineingehaltenen Holzstab sofort kleine Bläschen aufsteigen. Jeweils drei Röllchen auf einmal ins heiße Öl geben und ein paar Minuten goldbraun frittieren. Dabei mit einem Schaumlöffel etwas in Bewegung halten. Auf Küchenpapier abtropfen lassen. Die fertigen Winterrollen heiß mit Erdnussdip servieren. Übrig gebliebene Füllung als Salat dazu reichen.

ZUTATEN

Für 20 Rollen

Für die Füllung:
½ Chinakohl
1 Apfel
2 Möhren
1 kleines Stück Ingwer (1–2 cm)
1 Schalotte
½ Granatapfel
2 Stängel Koriandergrün
100 g Reisnudeln
Salz

Für den Erdnussdip:
1 große Knoblauchzehe
4 EL gesalzene, geröstete Erdnusskerne, fein gehackt
4 EL Rapsöl
4 EL Sesamöl
4 EL Sojasoße
4 EL Erdnussmus
Saft von 1 großen Limette
2 ½ EL Honig
Chiliflocken nach Belieben
Salz

Für den Teig:
ca. 4 TL Speisestärke
250 g Filoteig (10 Blätter, 31 x 30 cm, aus der Frischetheke)
neutrales Öl zum Frittieren

ROTKOHL-ZIEGENKÄSE-QUICHE

ZUTATEN

Für 1 Quiche (bzw. 1 Tarteform à 24 cm ⌀, mit herausnehmbaren Hebeboden)

Für den Boden:
175 g Weizenmehl
75 g Weizenvollkornmehl
½ TL Salz, ¼ TL Zimt
125 g kalte Butter
1 Eigelb

Für die Füllung:
2 Schalotten
1 Knoblauchzehe
300 g Rotkohl
2 Zweige Thymian
2 EL Butter
1 TL brauner Zucker
Salz und Pfeffer
¼ TL gemahlene Nelken
1 Prise Piment
2 EL Balsamicoessig
150 ml Gemüsebrühe
150 ml Sahne
50 g Ziegenfrischkäse
2 Eier
100 g Ziegenkäserolle
20 g Mandelstifte

Außerdem:
Butter für die Form
Mehl für die Arbeitsfläche
getrocknete Hülsenfrüchte
zum Blindbacken

Die Tarteform buttern. Für den Boden beide Mehlsorten mit Salz und Zimt mischen. Die Butter in Stücke schneiden und mit der Mehlmischung krümelig reiben. Das Eigelb untermischen und alles zügig zu einem glatten Teig verkneten. Sollte er zu trocken sein, etwas Wasser untermengen. Den Teig auf der leicht bemehlten Arbeitsfläche ausrollen und die Tarteform damit auskleiden. Den Boden mehrfach mit einer Gabel einstechen und die Form ca. 30 Minuten in den Kühlschrank stellen.

Den Backofen auf 190 °C Ober-/Unterhitze (170 °C Umluft) vorheizen, den Boden mit Backpapier belegen und mit Hülsenfrüchten beschweren. Dann ca. 14 Minuten blindbacken. Anschließend die Hülsenfrüchte entfernen und den Boden etwas abkühlen lassen. Die Backofentemperatur auf 175 °C Ober-/Unterhitze (155 °C Umluft) reduzieren.

Inzwischen für die Füllung Schalotten und Knoblauch schälen und fein würfeln. Den Rotkohl putzen, waschen und in feine Streifen hobeln oder schneiden (dazu am besten Einweghandschuhe tragen). Den Thymian abbrausen, trocken tupfen und die Blättchen abstreifen.

Die Butter in einer Pfanne zerlassen. Schalotten und Knoblauch kurz darin anschwitzen. Den Rotkohl zugeben und alles weitere 5 Minuten dünsten. Mit Zucker, Salz, Pfeffer, Nelken und Piment würzen, mit Balsamico und Brühe ablöschen. Alles ca. 10 Minuten köcheln lassen, bis die Flüssigkeit verdampft ist.

Sahne, Ziegenfrischkäse und Eier verquirlen. Die Thymianblättchen und etwas Pfeffer untermischen. Die Ziegenkäserolle klein schneiden. Den Rotkohl auf dem Quicheboden verteilen und die Sahne-Ziegenfrischkäse-Mischung gleichmäßig darübergießen. Mit Ziegenkäse und Mandelstiften bestreuen. Die Quiche ca. 35 Minuten goldbraun backen. Sollte sie gegen Ende der Garzeit zu dunkel werden, mit Backpapier abdecken. Anschließend 10 Minuten abkühlen lassen, dann vorsichtig aus der Form lösen. Warm oder lauwarm servieren.

SCHARFE QUESADILLAS MIT CHORIZO UND AVOCADO

Traditionell wird zu Quesadillas Tomatensalsa gereicht. Dazu ca. 5 reife Tomaten häuten, entkernen und würfeln. 1 Zwiebel und 1 Knoblauchzehe schälen und fein hacken. 1 Chilischote entkernen und in feine Ringe schneiden. Alles vermischen, Limettensaft und Öl zugeben und mit Salz und Pfeffer abschmecken. Nach Belieben gehackten Koriander zufügen und zum Servieren über die Quesadillas geben.

Die Chorizo, wenn nötig, häuten und in Scheiben schneiden. Den Parmesan fein reiben. Die Chilihälfte von den Kernen befreien und fein hacken. Zwiebel und Knoblauch schälen und ebenfalls fein hacken. Mit der Chili mischen. Limettensaft, Honig und Olivenöl verrühren. Mit Salz und Pfeffer würzen.

Eine Pfanne erhitzen und die Chorizoscheiben darin ohne Fett 5 Minuten knusprig braten. Herausnehmen und beiseitestellen. Im Bratfett die Chili-Zwiebel-Knoblauch-Mischung ein paar Minuten glasig dünsten, dann unter das Limettendressing rühren. Den Schmand mit Salz und Pfeffer verrühren. Die Avocados halbieren, vom Kern befreien, das Fruchtfleisch vorsichtig aus der Schale lösen und in dünne Scheiben schneiden.

Vier Tortillas auf der Arbeitsfläche ausbreiten und mit Schmand bestreichen. Dabei einen kleinen Rand frei lassen. Die Avocadoscheiben darauflegen und sofort mit der Limettendressing-Mischung beträufeln. Die Chorizoscheiben darauf verteilen und alles mit Parmesan bestreuen. Die übrigen Tortillas obenauf legen und leicht andrücken.

Etwas Olivenöl in der Pfanne zerlassen und die Quesadillas darin nacheinander unter einmaligem Wenden goldbraun braten. Das dauert 3–4 Minuten pro Seite bei mittlerer Temperatur. Anschließend die Quesadillas vierteln und sofort servieren.

ZUTATEN

Für 4 Quesadillas

150 g Chorizo
50 g Parmesan
½ Chilischote
1 rote Zwiebel
1 Knoblauchzehe
2 EL Limettensaft
1 TL Honig
4 EL Olivenöl
Salz
frisch gemahlener schwarzer Pfeffer
150 g Schmand
2 große reife Avocados
8 Maistortillas

Außerdem:
Olivenöl zum Braten

PULLED LACHS

Ob gegart, gebraten, gegrillt oder geräuchert – der beliebte Speisefisch lässt sich auf viele Arten zubereiten. In der Trendvariante als Pulled Lachs ist er besonders zart und schmeckt saftig und vollmundig.

ZUTATEN

Für 4 Portionen

Für den Lachs:
600 g Lachsfilet
Salz
frisch gemahlener
schwarzer Pfeffer
Chiliflocken, nach Belieben
2 Bio-Zitronen

Für die Remoulade:
4 Cornichons
½ kleine rote Zwiebel
5 Stängel Schnittlauch + etwas
zum Garnieren
2 TL Kapern
150 g Mayonnaise (am besten
selbst gemacht, siehe auch
Seite 41)
150 g Schmand
1 EL Zitronensaft
Salz
frisch gemahlener
schwarzer Pfeffer
1 TL Honig

Außerdem:
Olivenöl für die Form
2 Romanasalatherzen

Den Backofen auf 160 °C Ober-/Unterhitze (140 °C Umluft) vorheizen. Den Lachs vorsichtig waschen und gründlich trocken tupfen, dann mit der Hautseite nach unten in eine gut eingeölte, ofenfeste Form legen. Mit Salz, Pfeffer und Chiliflocken nach Belieben würzen. Die Zitronen heiß abwaschen, trocken tupfen und in Scheiben schneiden. Die Zitronenscheiben auf dem Lachs verteilen. Die Form ca. 20 Minuten in den Ofen schieben, bis der Lachs gegart, aber noch schön saftig ist.

Für die Remoulade die Cornichons fein würfeln. Die Zwiebelhälfte schälen und fein hacken. Den Schnittlauch waschen, trocken tupfen und in Röllchen schneiden. Die Kapern fein hacken. Alle vorbereiteten Zutaten mit Mayonnaise, Schmand und Zitronensaft verrühren. Die Remoulade mit Salz, Pfeffer und Honig abschmecken.

Den Salat putzen, in einzelne Blätter zerteilen, waschen und trocken tupfen. Die Salatblätter auf einer großen Platte verteilen. Die Zitronen vom Lachs entfernen und den Fisch mit einer Gabel von der Haut lösen und auseinanderzupfen. Den Pulled Lachs in die Salatblätter füllen und mit der Remoulade anrichten. Mit Schnittlauchröllchen bestreut servieren.

UPPER WEST SIDE, NEW YORK 1901

Morten Brask

Als Sarah die Kinderkarre die West 105th Street in Richtung West End Avenue schiebt, brennt ihr die Sonne im Rücken. Das Licht sticht grell vom Zenit, die Schatten drücken sich unter die Bäume. Sarah hat ihren Mantel ausgezogen, sie geht langsam, um nicht zu schwitzen, sie darf nicht schwitzen, jetzt nicht, sie will doch zum Tee bei Ida Straus. Immer schön langsam, damit ihr nicht zu warm wird, langsam, damit niemand von den Damen auf den Gedanken kommt, sie sei den langen Weg zu Fuß gegangen, um das Geld für die Tram zu sparen.

Als sie an dem großen Granitgebäude ankommen, in dem die Familie Straus ihre New Yorker Residenz hat, hält ihr ein Mann in roter Uniform die Tür auf, während sie die Karre hineinschiebt. In der kühlen Eingangshalle herrscht eine Stimmung wie in einer Kathedrale. Der ganze Raum hallt von ihren Schritten auf dem Marmorboden wider. Fünf Meter über ihr hängt ein Kronleuchter mit elektrischen Glühbirnen, die ein gelbliches Licht verbreiten. In dem hohen Rokokospiegel am Ende der Halle sieht sie ihr Spiegelbild. Was sie da sieht, erscheint ihr ganz falsch, ihre kleine Gestalt mit der Kinderkarre

in diesem riesigen Raum, falsch, verkehrt, wie eine Obdachlose, die durch einen Irrtum in einen Palast geraten ist, in den sie nicht gehört. Der Pförtner im Empfang lässt seinen Blick über Sarahs Kleidung schweifen, sie hebt die Hand an ihr Haar, um sich zu vergewissern, dass es nicht aufgegangen ist, aber der Pförtner verzieht keine Miene. Er findet ihren Namen im Besucherbuch und weist sie zum elektrischen Aufzug, einem der neuesten und feinsten in ganz New York. Der ältere Fahrstuhlführer, auch er in roter Uniform, zieht die Gittertür zur Seite und grüßt. «Wir wollen Mrs Straus besuchen», sagt Sarah. Sie versucht, sich nichts anmerken zu lassen und so zu tun, als ginge sie in solchen Gebäuden ein und aus. Der Fahrstuhlführer nickt und schiebt die Gittertür zu, bis sie im Schloss einschnappt, er umfasst den Elfenbeingriff, drückt ihn mit der richtigen Dosierung zurück, damit es nicht ruckelt, wenn die Seile anziehen, und langsam schwebt der Lift in seinem Käfig nach oben. Durch die facettierten Fenster können sie die Treppe sehen, die um den Aufzug herum verläuft. William saugt alle Einzelheiten in sich auf: die langsame, steigende Bewegung, die Stockwerke, an denen sie vorbeifahren, die Hand des Führers an dem weißen Griff, den Zeiger, der über den Messinghalbmond des Etagenanzeigers schwenkt, die Geräusche des Spielwerks über ihnen, den Duft des erwärmten Metalls und des Öls und den Läufer, der auf die Treppen genagelt ist. «Wir fahren mit dem Fahrstuhl», flüstert er Sarah zu. «Ja», sagt Sarah. Ihre Gedanken kreisen um die Gesellschaft, die sie gleich aufsuchen werden, sie ist ein wenig unruhig. Wie werden die Menschen, denen sie dort begegnen wird, sie ansehen, wie werden sie den kleinen William ansehen? Dieses Gefühl hat sie immer wieder, das Gefühl, noch ein Neuankömmling zu sein, noch immer auf Probe in Amerika zu sein. Als sie damals mit ihrem Vater in Ellis Island ankam, mit 50 Cent in der Tasche, wusste sie, dass es auf Probe war, dass sie hart arbeiten mussten, nicht nur, um sich durchzubringen, sondern um zu bestehen. Ihren ersten Job machte sie als Näherin in einer Schneiderei, sie nähte Knöpfe an Jacken und Hemden, zwölf Stunden am Tag, ihr Lohn betrug drei Dollar in der Woche. Nach einem Jahr hatten sie das Geld, um ihrer Schwester Ida die Überfahrt zu bezahlen. Sarah wechselte von Job zu Job, der beste war bei Singer, wo sie Kundinnen beibrachte, mit einer Nähmaschine umzugehen. Sie arbeitete so hart, dass sie in den Pausen oft einschlief. Wenn sie nach Hause kam, musste sie sich mit Ida um die Einkäufe kümmern, Essen machen, putzen. Zwei Jahre später waren alle aus der Familie Mandelbaum in Amerika angekommen, aber Sarah arbeitete weiter, so viel sie konnte. Sie wusste, dass man nie loslassen durfte, dass man in seinem Streben weiterzukommen nie nachlassen durfte, denn dann würde man die Probe nicht bestehen. Man musste weiterkommen, und Sarah wusste, was zu tun war, um zu bestehen, sie wollte werden, was sie in der Ukraine nie hätte werden können: Sie wollte Doktor werden, das war das Höchste. ★

VON A ...

A
Amaretto Plum Crumble...65

B
Bagel mit Forelle mit Honig-Senf-Soße..100
Blueberry Lemon Scones..44
Bratapfel-Kuchen..69

C
Cocochoc Bread and Butter Pudding...37
Crab Cocktail..41

D
DIY-Schokocreme...52

E
Eggs Benedict...22
Espresso-Brownies...66

G
Granola Cups mit Pistazien..19

H
Hash-Brown-Waffeln mit Kaviar und Frischkäse.............................81
Herzhafte French Toasts mit Tomaten-Sternanis-Sugo...................16
Hot Cherry Hand Pies..59
Huevos Rancheros..103

I
Irish Coffee...31

L
Little Carrot Bundt Cakes..54

M
Maple Macadamia Tartelettes...60
Mimosa...15

... BIS Z

O
Oliven-Thymian-Tapenade 77
Orangen-Ingwer-Marmelade 53

P
Paprika-Pinienkern-Creme 76
Parmesan-Shortbreadkekse mit Kräutern 97
Peanutbutter Chocolate Bars 72
Pizzette mit knusprigem Bacon und Feigen 104
Puff Pastry Cinnamon Rolls 50
Pulled Lachs 116
Pumpkin Pie Smoothie 47

R
Roastbeef Bites 82
Rosemary Potato Soup 88
Rote-Bete-Pekannuss-Brot 75
Rotkohl-Ziegenkäse-Quiche 110

S
Scharfe Quesadillas mit Chorizo und Avocado 115
Spekulatius-Orangen-Tiramisu 38
Sweet Potato Ricotta Salad 94

V
Vanilla Cardamom Challah 32
Veggie Slider 91

W
Wild Hotdogs mit Cranberry-Relish 87
Winterlicher Cheesecake-Joghurt 25
Winterrollen mit Erdnussdip 109

Z
Zweierlei Pancakes 26

LISA NIESCHLAG
★

LARS WENTRUP
★

JULIA CAWLEY
★

DAS TEAM

Designerin und Fotografin Lisa Nieschlag, mit familiären Wurzeln in New York, verbringt ihre Zeit am liebsten in der Küche beim Kochen und Backen, Stylen und Fotografieren. Lars Wentrup ist Designer und Illustrator. Immer wieder ist es für ihn etwas Besonderes, wenn sich die einzelnen Seiten im Layout mit Leben füllen. Seit 2001 betreiben die beiden eine Agentur für Kommunikationsdesign im Herzen von Münster. Ein perfektes Team also!
www.nieschlag-und-wentrup.de

Nach fünf Jahren in New York hat es die international gefragte Fotografin Julia Cawley wieder nach Deutschland verschlagen. Sie lebt und arbeitet in Hamburg, dem Tor zur Welt.

Gemeinsam betreiben Julia und Lisa den beliebten Foodblog „Liz & Jewels" – eine kulinarische Challenge. Hier setzen sie leckere Rezepte besonders in Szene und zwar jede auf ihre Art! Bekannt sind sie auch für die Organisation von internationalen Food-Styling- und Photography-Workshops.
www.lizandjewels.com

DANKE

Ein großes Dankeschön an Julia, die wieder mal ihr Meilenkonto gefüllt hat, um den New Yorker Weihnachtsglanz mit ihrer Kamera einzufangen. Sie scheut keine Mühen. Für die spektakulären Luftaufnahmen hat sie sich dieses Mal bei eisigen Temperaturen aus der offenen Helikoptertür gelehnt. Respekt und Dank auch an Anne und Michael, die ihre Tochter Julia bei dieser Fotosafari so unermüdlich unterstützt haben.

Bedanken möchten wir uns auch bei Christin für die kulinarische Zusammenarbeit und große Zuverlässigkeit. Anne unterstützte uns wieder in allen Bereichen und Situationen am Set, vielen Dank.

Besonderer Dank geht an den Hölker Verlag, insbesondere an Wolfgang Hölker, Dagmar Becker-Göthel und Angela Vornefeld, die die Liebe zu New York und der „New York Christmas"-Reihe so leidenschaftlich mit uns teilen.

Ein herzlicher Dank geht auch an unsere Kooperationspartner Vivani Schokolade, One Day in Copenhagen und an Sinikka Harms für die wunderschönen Keramiken.

IMPRESSUM

5 4 3 2   22 21 20 19
ISBN 978-3-88117-991-1

© 2018 Hölker Verlag in der Coppenrath Verlag GmbH & Co. KG
Hafenweg 30, 48155 Münster, Germany
Alle Rechte vorbehalten, auch auszugsweise
www.hoelker-verlag.de

GESTALTUNG UND SATZ:
Nieschlag + Wentrup, Büro für Gestaltung
www.nieschlag-und-wentrup.de

FOTOS:
Lisa Nieschlag: Seite 12, 14, 17, 18, 19, 23, 24, 25, 27, 30, 32, 33, 36, 37, 39, 40, 41, 44, 45, 46, 48, 50, 51, 52, 53, 55, 58, 59, 61, 64, 65, 67, 72, 73, 74, 75, 76, 77, 78, 80, 83, 86, 88, 89, 90, 95, 96, 97, 100, 101, 102, 104, 105, 108, 111, 114, 117, Titel (www.lisanieschlag.de)
Julia Cawley: Seite 1, 2, 7, 8, 10, 11, 20, 21, 28, 29, 34, 35, 38, 42, 43, 56, 57, 62, 63, 70, 71, 81, 84, 85, 92, 98, 99, 106, 107, 112, 113, 118, 119, 121, 122, 123, 128, Titel Polaroid (www.juliacawley.com)
Anna Haas (Portraits Lisa Nieschlag und Lars Wentrup): Seite 126
Franziska Krauss (Portrait Julia Cawley): Seite 126
Michael Holtkötter (Portrait Julia Cawley): Seite 7

ILLUSTRATIONEN: Lars Wentrup
REZEPTENTWICKLUNG: Christin Geweke
ASSISTENZ AM SET: Anne Neier
LITHO: FSM Premedia, Münster
REDAKTION: Angela Vornefeld, Julia Bauer

Seite 9
Truman Capote, Weihnachten mit Vater. Aus dem Amerikanischen von Urlsula-Maria Mössner.
Erschienen in: Truman Capote, Weihnachtserinnerungen.
Copyright © 2010, KEIN & ABER AG, Zürich-Berlin

Seite 118
Morten Brask: Upper West Side, New York 1901. Aus dem Dänischen von Peter Urban-Halle.
Aus: Morten Brask, Das perfekte Leben des William Sidis.
© Nagel & Kimche Verlag AG, Zürich